群众文化创新与发展

赵 华 著

延边大学出版社

图书在版编目（CIP）数据

群众文化创新与发展 / 赵华著. -- 延吉 ： 延边大
学出版社, 2024.1
ISBN 978-7-230-06196-4

Ⅰ. ①群… Ⅱ. ①赵… Ⅲ. ①群众文化－文化工作－
研究－中国 Ⅳ. ①G249.2

中国国家版本馆CIP数据核字(2024)第042786号

群众文化创新与发展

著　　者：赵　华
责任编辑：梁　杰
封面设计：文合文化
出版发行：延边大学出版社
社　　址：吉林省延吉市公园路977号　　　邮　　编：133002
网　　址：http://www.ydcbs.com　　　E-mail：ydcbs@ydcbs.com
电　　话：0433-2732435　　　传　　真：0433-2732434
印　　刷：廊坊市海涛印刷有限公司
开　　本：710×1000　1/16
印　　张：10.25
字　　数：150 千字
版　　次：2024 年 1 月 第 1 版
印　　次：2024 年 1 月 第 1 次印刷
书　　号：ISBN 978-7-230-06196-4

定价：65.00元

前　　言

　　群众文化学是一门新兴的学科，它的建设和发展有利于丰富群众的文化生活，满足群众的精神文化需求，同时也有利于提升区域文化软实力。随着群众文化事业的发展，群众文化的相关理论研究也在不断深入。

　　基于此，本书对群众文化进行了详细介绍，全书从群众文化概述出发，阐述了群众文化管理、群众文化工作、群众文化队伍的相关内容，并论述了其创新与发展。接着介绍了群众文化活动的内容与形式、分类与特点，并详细论述了群众文化活动的组织实施与辅导。最后，分析了新媒体时代背景下的群众文化建设。

　　本书在撰写过程中，得到了同人们的大力支持，书中参考并借鉴了多位学者的专著、论文以及相关的研究成果，在此表示感谢。由于作者水平有限，加上时间仓促，书中难免出现疏漏和不足之处，恳请各位读者提出宝贵意见和建议，以便今后修改完善。

赵华

2023 年 12 月

目　　录

第一章 群众文化概述

第一节 群众文化的内涵和特征

在社会主义市场经济体制的作用下，群众文化快速发展。群众文化在我国社会文化中具有重要地位，在一定程度上推动着政治、精神、制度等文化的形成与建立。近年来，由于党和国家的高度重视，我国的群众文化发展得非常迅速，在内容和形式上都有了日新月异的变化。可以说，群众文化的发展是我国经济社会发展的必然要求。丰富多彩的群众文化活动既可以丰富人们的精神生活，又有利于人们社会主义核心价值观的形成，从而推动我国各方面工作的顺利进行。

一、群众文化的内涵

无论是对社会、民族，还是对国家来说，文化都具有重要作用。文化是整个社会的灵魂，在一定程度上决定了一个民族的发展方向，甚至成为保障国家繁荣昌盛的基石。如果要推动中华文化不断发展，使其成为世界先进文化，就必须重视群众文化。

文化起源于劳动。人类出现的早期，低下的生产力水平制约着人类对自然的认识，面对纷繁复杂的社会现象，人类处于"不自由"的阶段。在人类的劳动实践中，虽然还缺乏有意识的审美活动，但已经产生了原始的审美现象。人类的审美现象涉及劳动实践的各个领域，这些审美现象既有共同性，也有各自的特殊性。在原始社会，群众文化的各种现象是紧密联系在一起，甚至是混合在一起的，众多艺术门类还没有得到独立发展。

从出土的文物中我们可以清楚地看到，数万年前，人类就用青鱼骨作装饰品。可见，那时候人们除了从事最基本的满足物质生活的活动，还从事为满足精神生活需要的朴素的艺术实践活动，这是人类审美意识产生的标志。人的审美意识来自社会实践，来自对客观事物美的感受和认识以及自发地创造美的活动。对于纷繁复杂的审美对象，人们可以通过感官去感受它们的存在。客观存在的审美对象反映到人的头脑中，通过大脑的加工，须借助概念和范畴，转化为审美意识和观念。那时候脑力劳动和体力劳动还没有完全分离，人们在审美活动和由此产生的审美意识支配下进行美的创造。因此，早在远古时期，群众文化就已具雏形。

在漫长的原始社会里，人类在极其险恶的环境中，在和大自然进行斗争的过程中，依靠简单的劳动工具，获取生活资料，同时也创造了原始的群众文化。在生产力水平极其低下的时期，人们集体捕杀猎物，获取生活资料。当成功获取猎物或战胜自然灾害时，人们便会情不自禁地欢呼雀跃；当遇到天灾人祸而忍饥挨饿时，人们也会集体呼号祈求上苍。这种处于懵懂状态的集体创作，以身体有规律、有节奏地做各种动作为特点，是舞蹈的雏形。

那时候人们总是集体作业，群众艺术活动就在这种集体劳动之余产生，人们在这种艺术活动中庆祝胜利或祈求平安。此时，艺术活动无法从劳动中独立出来，带有明显的无意识性以及实用性，其属性是集体的。正是通过这种集体的艺术活动，人类抒发了情感，提高了劳动效率。鲁迅先生曾说，"杭育杭育"的声音帮助人们协调身体动作。艺术在人们的日常生产和生活中发挥着越来越重要的作用。

伴随着生产力的不断发展和人类智力的不断提高，原始社会中自发自觉的表达发展为有意识的创造，如一些古代典籍记载了反映狩猎的舞蹈。许多舞蹈是通过模拟猎物的动作形成的，如模拟狩猎中禽类的飞跃、野兽的奔跑等。人们通过歌舞反映生产劳动，歌颂祖先，歌咏五谷的丰收和原始的信仰。

人类社会进入阶级社会以后，出现了物质生产与精神生产的分工，于是产生了一批专门从事艺术生产的人，如民间说书人、街头的杂耍艺人、宫廷画师、宫廷乐师等。在阶级社会中，统治阶级的文化占主导地位，君王花钱请人专门进行艺术创作，专业艺术极其繁荣。处于被剥削阶级的人民大众，虽然面对着苛捐杂税和繁重的生产生活，但也创造出了丰富的群众文化。最为典型的就是《诗经·国风》，其内容便是古代帝王派乐官从民间诗歌中收集整理而来的，这些诗歌语言通俗易懂，内容都来自百姓平时的生活，是百姓用他们的智慧创作而成的，最终成了中华传统文化的瑰宝。

民间还产生了各种地方特色浓郁的曲艺形式，以及节日庆祝形式——庙会。例如，河南宝丰县的马街书会又称十三马街书会，起于元代，盛于明、清。每年正月十三，来自全国各地的说唱艺人都会潮水般涌向河南宝丰县的马街村，参加一年一度的马街书会。这里虽然没有舒适的座椅和豪华的剧院，但一点儿也不影响艺人们的表演激情。马街书会的盛况完全可以用"一日可看千台戏，三天可读万卷书"来形容。在马街书会上，四面八方赶来的乡亲变成了艺人，演绎各种曲艺形式，如河南坠子、凤阳花鼓、陕西快板等。在人们精神生活并不是十分丰富的年代，类似马街书会这样的庙会为广大人民群众提供了欣赏艺术表演的机会。类似马街书会这样的民俗文化应该成为我国当代群众文化建设的宝贵资源，其群众性以及文化价值都十分突出。

这些艺人虽然都是普通群众，大多没有受过专业训练，表演的艺术性以及专业性与专业团体相比都存在一定的差距，但正是由于他们来自民间，这样的表演形式直至今日都具有别样的魅力。在古代社会中，中国的群众文化以独有的方式存在并发展。

中华人民共和国成立之后，文化部（现为中华人民共和国文化和旅游部）首次提出和使用"群众文化"这一概念。1953 年，文化部发布了《关于整顿和加强文化馆、站工作的指示》，其中明确使用了一些具有专指内容的名词，如"群众文化工作"。从那时起，"群众文化"作为一个专有名词而被广泛应用，这里所说的"群众文化"主要是与"专业文化"相对的。随着我国社会主义建设事业的发展，党和政府越来越重视文化工作，从中央到地方都成立了专门管理文化事业的部门。党的十一届三中全会以后，随着人民生活水平的提高，人民群众求真、求善、求美的愿望日益强烈，出现了文化热。中共中央于1981年发布了《关于关心人民群众文化生活的指示》，对人民群众的业余文化生活进行指导。随着社会的发展，"群众文化"这一概念的范畴越来越广，并且具备了历史传承性和鲜明的时代性。目前，学术界有关群众文化的定义较多，在新时期，科学地定义群众文化是十分必要的。

群众文化是广大人民群众在闲暇时间自发、自觉参与的，以满足自身生活需要以及审美需要的，以文艺活动为主要载体的社会历史现象。群众文化在我国社会中长期存在并不断发展。群众文化有其独特的优势：一方面，它不具有功利性；另一方面，它的参与者是普通群众，主体十分广泛。这就决定了国家应该把发展群众文化作为提高全社会审美水平的有力手段。而作为社会主义精神文明建设重要组成部分的群众文化工作，也应该被重视。群众文化范围广、对象多的特点决定了发展群众文化是当代社会进行美育的重要手段。充分发挥群众文化的功能，尤其是审美教育功能意义重大，它能够丰富人民群众的文化生活，培育社会文明风尚，促进文化大发展、大繁荣。

二、群众文化的特征

群众文化的本质，决定了它具有群众性、自娱性、传承性等显著特征。

（一）群众文化的群众性

1.群众性的丰富含义

群众性是群众文化在其主体方面所固有的显著特征。从一般意义上去理解，群众文化是全体人民以满足自身精神需求为目的而进行的文化行为。从这一角度来看，群众文化的群众性可以说是全民性的同义语。然而，在理论上把群众性作为群众文化的本质特征来分析时，它就不仅仅像全民性那样主要是群众文化活动主体量的表示，而是具有更为丰富的含义。

第一，群众性表明群众在群众文化中占据主导地位。一方面，在阶级社会里，群众文化是指被剥削和被压迫的劳动群众的文化，它与剥削阶级的文化尽管有千丝万缕的联系，却与它对立存在。在消灭了剥削阶级的社会里，群众泛指人民大众，群众文化是人民大众所拥有和享受的精神文化。另一方面，群众作为群众文化的主体，是群众文化发展的驱动者和调节、支配的力量。群众文化之所以能在数千年历史长河中不断延续，显然是因为世世代代的劳动人民，是他们的文化需求和文化创造促使群众文化随着社会的发展而不断发展。同时，在群众文化发展的历史进程中，劳动群众以自己的审美意识和创造能力，自如地驾驭群众文化客体，进行能动的群众文化继承与创新，充分体现自己对群众文化的自觉调节与支配的力量。群众文化之所以能发展壮大，原因就在于它给人以精神自由，使人自由地展现其意识和情感。不然，群众文化就失去了它自身的意义，也失去了它发展的内驱力。可见，群众在群众文化中具有不可动摇的主导地位。

第二，群众性表明群众在群众文化活动中的自我性，即人民群众自我进行的一切真正意义上的业余文化活动的目的都是满足自身的精神文化需求。一部人类群众文化史，实际上就是人民群众继承、创新、传播群众文化的历史。在现代社会，各种社会制度，特别是社会主义制度下的劳动群众，比以往有了更为充分的发挥文化才能的机会、条件和享受文化的权利，他们不仅能享受到高雅的文化生活，而且能直接参与各种形式的旨在表现自我的文化艺术活动。这种进步的根本原因，不外乎人类社会精神、物质文明的不断发展，而这种社会文明又是同群众文化的自我性紧密联系在一起的。我们还可以看到这样一种客观现实：随着人类社会的不断进步，人们对精神文化的需要在质和量两个方面也逐渐提高，因此群众在群众文化中的自我性也将更为突出。

第三，从群众在群众文化中的主导地位和自我性中，我们可以了解群众在群众文化中的自主性。这种自主性一方面体现在群众作为群众文化发展的驱动者上，另一方面体现在群众对文化形式与内容的选择、评判上。群众文化无论在内容上还是形式上，都是满足广大群众的需要的，即人民群众总是通过群众文化来反映自己的生活和社会的变革。

群众文化的自主性还表明一切进入群众文化生活领域的文化艺术产品都要由群众检验。这意味着，文学家、艺术家生产的文艺产品在进入群众文化领域时要由人民群众来评判与选择，民间所进行的各种文化活动及其所产生的文化产品也要由人民群众去检验其优劣。因此，在社会主义国家的群众文化发展过程中，当一种有害的文化艺术出现时，人民群众就会对其进行本能的抵制，进而产生与之抗衡、较量的文化，这就是人民群众对它检验后所做出的反应。

2.群众性对社会的要求

第一，群众文化的群众性，要求群众文化的服务对象是全体人民，而不应因民族、地域、职业、年龄等方面的不同而有差别。一个人自幼年至老年整个生命历程，都有其不同的精神文化需要，都有参与各种文化艺术活动的需要。从时代发展纵向看，不同历史时期都有与当时社会状况相适应的群众文化，在社会发展日新月异的今天，群众文化更是每个人不可缺少的精神生活内容。从现实社会的横向看，不同国别、不同民族和不同思想文化修养的人，都有各自的文化需要。由于物质条件的差异，他们的文化需要也有差异，对群众文化的质与量的要求不会也不可能一致。因而，社会相关部门、机构应当把全体人民作为群众文化的供给、服务对象，不能有所偏视或遗忘，这是群众文化的群众性的基本要求。

第二，群众性要求社会努力满足群众的文化需求。这集中体现在普及与提高两个方面，如何对待普及与提高的问题，实际上就是群众文化事业建设的群众观点问题。群众文化的普及，就是把人们最急需的和最容易接受的群众文化提供给人们。在覆盖面上，要求把群众文化普及到全体人民中去，尽可能覆盖最多的人员。在群众文化的内容上，要求既符合广大群众的利益，又符合他们的文化知识水平、艺术鉴赏水平和欣赏习惯，努力满足群众逐步增强的群众文化需求。群众文化的普及是群众文化主要的发展方式，受制于群众文化群众性的客观要求。

第三，群众性要求社会的一切群众文化活动必须符合群众的意愿。自愿性是群众文化活动的规律性表现之一，任何真正意义上的群众文化活动，都必然是合乎群众意愿即群众自发组织或自愿参与的活动。如果没有群众的自觉和自愿作为前提，那么一切群众文化活动都只是空有其表。人们在选择了自己感兴趣的适合自己需要的文化活动时，就会产生自愿参与的热情。所以说，尊重群众的意愿是开展一切群众文化活动的先决条件。当然，我们所说的群众意愿是从总体上说的社会性的群众意愿，是同社会发展和全体人民的利益相一致的意愿，而不是从个体上说的群众每一分子的意愿。从局部和个体来说，其需求和意愿并不一定都是与社会的价值观相一致的。所以，应当在分析和区别的基础上，引导群众的文化审美情趣，改造个体不符合社会要求的价值观念，使之符合人民群众的根本利益。这样做是从宏观上尊重全体人民的意愿。

第四，群众性要求不断提高群众的文化实践能力和占有水平。文化实践能力是由人们的文化科学知识水平和文艺鉴赏水平决定的，提高文化实践能力就是要求提高人们的文化科学知识水平和文艺鉴赏水平，从而激发他们的创造精神。显然，这是全社会的共同任务。群众的文化占有水平是同他们的文化实践能力密切相关的。

总之，群众文化的群众性特征，不仅表现在人民群众在群众文化中的主导地位、自我性和自主性三个方面，还表现在对社会的种种客观要求上。这些群众性特征的表现，是由群众文化的本质决定的。群众文化的群众性特征的实践意义在于使相关部门增强群众观念，在尊重群众意愿的前提下创造条件，尽力满足全体人民的精神文化需要。

（二）群众文化的自娱性

1.自娱性的重要意义

人民群众有娱乐的要求，以文学艺术为中心内容的群众文化的一个外在特点就是娱乐性。这样，群众文化的主客体便以娱乐为中介紧密地联系在一起。人们在求乐心理的驱使下，怀着赏心、悦目、益智、健身等期望，通过群众文化活动获得心理和生理上的满足。显而易见，娱乐是群众参与文化活动的最直接目的。

群众文化的自娱性是群众文化的外在特征，鲜明地表现在群众文化发展历史中。初民的文化活动，就是以求乐为主要目的的。《竹书纪年》中记载的"击石拊石，以歌《九韶》，百兽率舞"，今人认为这是先人的舞蹈活动，是先人以轻松的形式把自己的心情和感受传达给别人的活动。

从古至今，群众文化之所以历久不绝，代代出新，其奥秘之一就在于任何时代、任何地方的群众文化都具有鲜明的娱乐性。从社会的角度来看，群众文化的娱乐性不仅能满足人们的愉悦心理，还具有多方面的社会功能。假如群众文化不具有娱乐性，它就会缺乏引人自娱的魅力，失去生机与活力。

2.自娱性的形成原理

群众文化的自娱性这一特征的形成是心理范畴的问题。人的心理活动的两个重要方面是情绪和情感。情绪是与生理需要相联系的，当人生理上的需要在群众文化活动中得到满足时，人就会产生快乐的情绪体验。快乐是人最基本的情绪之一，通常是目的达到后继之而来的紧张情绪解除时的体验。群众文化就是获得快乐情绪体验的最佳途径。情感则是人所特有的同社会性需要和人的意识紧密联系的心理现象。群众文化的自娱性特征必然会作用于群众文化活动中作为主体的每一个人，并使其产生具体的审美情感。当群众文化活动中的主体之间有了共同情感，就会产生"同声相应，同气相求"的共鸣现象。这就是群众文化的自娱性特征形成的心理原因。

现代研究成果充分证明，文化娱乐作为人的情绪与情感的审美体验，对人体的健康是十分有益的，因为适度的愉悦对人的心理功能具有良好的调节作用。俗话说"笑一笑，十年少"，是有科学道理的。从社会的角度来看，人们参与和享受一定的文化娱乐生活，也是人类社会实践的需要。人的生命活动是张与弛、劳与逸的结合。

3.自娱心理与其他文化心理的关系

以上是我们单线性地对群众文化的自娱性从"乐"的角度进行的探讨，而当我们把视野从人们的自娱心理扩展到其他心理领域时，可以发现，群众文化的自娱性往往与其他心理需求相联系，主要表现在以下几个方面：

一是同求美心理的联系。群众参与文化活动，首先接触到的是客体的外部美，然后由感官直觉引起思想感情活动，进而深化到理性认识，欣赏其内在美。这种审美快感与自娱性是紧密联系的。人们参与文化娱乐活动，一般是为了获得美的精神享受。审美快感的实现，又成为求美的新动力。

二是同求知心理的联系。求知是人类的本性，社会的发展和知识的迅速更新，不断地激发人们的求知欲。群众文化活动往往以令人喜闻乐见的形式，蕴含着丰富的信息。于是，群众文化日益被人们重视，人们乐于参与群众文化活动。

三是同求健心理的联系。身体健康是最大的幸福，而适度的文化娱乐对身体健康有益。随着社会的不断进步和物质的不断丰富，游艺、体育新形式不断出现，参与群众文化活动日益成为人们求健的途径。所以，群众在参与群众文化活动中的自娱心理与求健心理的联系也将更为广泛。

四是同自我表现心理的联系。集体性的群众文化活动，能使人充分发挥自我潜能和肯定自我价值，充分地展示自己的智慧和才华。

综上所述，在群众文化活动中，人们的各种文化心理都与自娱心理相互联系，它们既相互独立又相互联系，构成相辅相成的有机整体，使群众文化的自娱性特征更为显著。

（三）群众文化的传承性

1.传承性的内涵

一定时代的群众文化总是一定时代的经济和政治的反映。作为意识形态的群众文化从产生就具有相对独立性，其发展也有特殊性。每个时代的群众文化总是同以往时代的群众文化具有割不断的联系，并在其基础上创造出新的形式与内容，从而形成自己独特的发展方式。这种使群众文化连续存在的特性，就是群众文化的传承性。

之所以有这种传承性，是因为群众文化的发展必须在已有的群众文化的基础上进行。马克思曾指出："人们自己创造自己的历史，但是他们并不是随心所欲地创造，并不是在他们自己选定的条件下创造，而是在直接碰到的、既定的、从过去承继下来的条件下创造。"这是社会生活的一般发展规律，也是群众文化的一般发展规律。群众文化自萌芽后的全部历史，就是不断保存、传递、创造的前后相承的过程，是一个由低级向高级、由简单到复杂的循序渐进的发展过程。任何时代和任何地方的群众文化都不可能截断它的发展、抛开它的历史而重新开始，也不可能跨越历史超前发展，而总是随着整个社会的发展在原有群众文化的基础上发展的。

在社会发展过程中，社会的文化思想，特别是统治阶级的文化思想，渗透在人们的观念、行为、风俗习惯、思维方式、伦理道德、社会价值之中，构成国家、民族的相对稳定的心理结构和性格特征，形成人们相对稳定的群众文化价值观，并构建起群众文化的传承机制。这种传承机制集中地体现出一种保持群众文化的民族特色的心理内驱力。

所以，每一个时代的群众文化对传统群众文化的继承，总是根据所属时代、阶级的需要，有选择地继承那些合乎一定社会价值观念的、先进的、优秀的文化，而不可能是不加区别地全盘传承。群众文化的发展史就是这样一个推陈出新的过程。

从这个层面来看，群众文化的传承性是一种历史的联系和循环的过程。具

体地说，在任何时代，人们都必然地并且必须从前辈那里传承群众文化的一些
形式和内容，然后注入现实的生活内容，创造新的形式，树立一个新的发展阶
段的里程碑。我们可以这样认为，群众文化的历史传承过程实际上就是一个不
断创造的过程。无论人们是否意识到，事实上他们都是群众文化的传人，在进
行着群众文化的创新和传播。假如没有这种创新和传播，群众文化发展的历史
链条就会因此中断。

群众文化的传承性表现在它的内容和形式上。从内容上来说，每个时代的
群众文化，一方面从过去的群众文化中接受其思想上的影响，汲取其思想上的
精华；另一方面又影响着当代的群众文化。从形式上来说，世界各民族的群众
文化之所以会呈现出截然不同的特色，是因为其在表现形式和表现技巧等方面
各有独特之处，这是各民族的群众文化形式在历史的发展中代代相承的结果。
无论是内容还是形式，群众文化不仅传承本民族的文化成果，也传承人类创造
的一切有价值的文化成果。

2.传承过程中的创造性

这里所使用的"传承"的概念，有别于"继承"。"继"是指继续或接续，
继承是承受前人遗留之物或做前人未做完之事，是一种继承者的自觉行为。
而传承则包含着继承和下传，是指承上启下、承前启后的历史关系，且其中必
然地包含着创造的成分作为下传的必要条件；它有自觉行为和不自觉行为两个
方面。

这种传承关系意味着群众文化的传承性不仅是一种发展的过程，而且是
继承与创造的辩证统一。在这里，"承"与"传"的是前人所积累的群众文化
成果，即群众文化遗产，同时又批判地分析和创造性地革新这些群众文化遗
产。继承是对以往的群众文化成果的肯定，创新从某种程度上来说是对以往
的某些群众文化成果的否定。在这里，没有继承便没有创新，创新中包含着
继承的因素。只有创新，才能使群众文化永葆其随历史发展的内在活力。从
这种意义和层次上说，创造性与继承性都是群众文化的特征。在群众文化的
传承性之中，作为要素之一的创造性居于主要地位，因为它决定着传承的活

11

力和发展的方向。

第一，创造性能够突破群众文化传承过程中许多客观因素的制约。群众文化的传承性具有一定的特殊性。一般说来，它不仅比物质生产领域的传承关系复杂，而且也比社会精神生活领域中某些其他的传承关系复杂。因为群众文化的发展虽具有相对独立性，但却是在经济、政治、文化，甚至宗教等的"合力"作用下进行的。它们对群众文化的历史成果和现实必要性，具有不同的解释与选择，以及价值判断和态度，或者说可能有悖于群众文化发展的客观规律。在这样的情况下，群众文化的创造性功能，能使群众文化在种种特定的环境中维持生存和发展。

第二，创造性能够突破群众文化传承过程中许多主观因素的制约。毫无疑问，我们所要继承的优秀的群众文化遗产，是具有普遍意义的事物同具有具体历史意义、现实意义的事物辩证交融的结合体。因此，它具有相对稳定性并在以后的群众文化发展过程中发挥作用。这些优秀的群众文化遗产是社会意识筛选过的创造性成果，它的可贵之处在于不同程度地表现了一定历史时期的社会生活，符合一定历史时期人民群众的审美需求。人们的群众文化需求取决于一定时代的社会环境与历史环境，如果不是根据时代的变化和人们的现实需求对群众文化遗产进行必要的选择和创新，就不能有效地继承和发扬群众文化遗产的优秀成果，也就不能满足当今人们的群众文化需求。只有充分发挥创造性，才能使群众文化突破主体主观因素的制约而不断发展。

第三，群众文化的意识形态性使得它的传承机制复杂化。在群众文化的传承过程中，往往会有这种情况：政治、宗教等中介因素的作用，使群众文化成果不是按照时代顺序继承，而是隔代承继发扬，呈现非直线性的螺旋式发展。这样，群众文化的创造性功能便起到对"发展中断"的连接作用。另外，当过去的群众文化产品完整地进入现在的群众文化生活时，即使其产品原来所具有的意义与现在的社会生活相去甚远，现在的人们也会以新的社会意识去理解、解释它，给它以新的含义。这也是群众文化传承过程中一种潜在的创造性。

此外，人们面对的是一个纷繁的群众文化世界，无论是古代的还是现代的，无论是本土的还是域外的，种种群众文化都会通过一定的途径传播，在各民族、各地区之间流传。人们既不能全盘否定，又不可以全盘接受，必须以一定的群众文化价值观念进行挑选、批判，对合适的群众文化进行传承。这个过程就体现了群众文化传承中的创造性。

第二节　群众文化的功能

要想更好地研究群众文化的功能，就要把群众文化放在整个文化系统的视野中，在整个文化体系中研究群众文化的功能。研究当代中国语境下的群众文化，就必须看到群众文化属于文化的一个方面，它具有文化的各种功能。同时，作为一种社会历史现象，它也受到我国社会经济环境的影响，具有其自身特有的功能。

一、交往、娱乐功能

马克思指出，人的本质是一切社会关系的总和。社会关系源于人，因为有了人类，人与人之间便产生了各种复杂的关系，这些关系统称为社会关系。人们总是生活在一定的社会关系之中，因此交往和娱乐便成为人类的基本需求之一。群众文化的社会功能之一就是交往、娱乐功能。

一方面，群体性的交往、娱乐是人类的一种本能需求。而群众文化活动对艺术性、专业性要求都不高，是一种群体参与的娱乐活动，老少皆宜。人民群众主动参与群众文化活动，自发、自觉地基于共同的兴趣爱好聚在一起，这样的群众文化活动往往能够让参与其中的群众真正感受到人的本质力量。形式多样的群众文化活动已经成为现代人生活的重要方面。有研究表明，人与人之间的信任感是衡量一个国家幸福感的重要指标之一。幸福感并不仅仅与物质生活相关，也与文化生活密切相关。人们积极参与健康、向上的文化活动，享受文化赋予人们的权益，更容易感到幸福。

另一方面，在城市中，由于社会劳动分工的细化，生活压力加大，人们的交往范围不断缩小，人与人之间的交流越来越少，甚至只局限于工作或者学习的小圈子。人与人缺乏交流所导致的心理和社会问题时有发生，在这种情况下，群众文化活动恰好能为人们提供一个彼此交流的平台。

二、自我实现功能

美国著名心理学家马斯洛（A. H. Maslow）将人的需要划分为五个层次，即生理需要、安全需要、归属和爱的需要、尊重需要以及自我实现的需要。马斯洛指出："所谓极乐世界就是一种幸福的休闲状态。"群众文化活动的参与者正是利用闲暇时间自觉、自发地参与进来的，不掺杂任何利害关系。笔者认为，群众文化有利于人的自我实现，是人们自我实现的重要途径。参与群众文化活动的群众不带有任何功利色彩。群众文化的群众性、通俗性又决定了它并没有严格的规则，专业性不强。

三、审美教育功能

群众文化是一个具有多功能、多要素的系统工程，它不仅有宣传教育、传播知识、扩大交往、传递信息等功能，还具有重要的美育功能。美育一般认为是由德国诗人、美学家席勒（F. Schiller）在《美育书简》中提出来的。也就是从那时起美育被作为一个相对独立的、明确的教育概念。美育，即"审美教育"，在中国这个词最早是由王国维、蔡元培等人翻译过来的。它以形象为手段，以情感为核心，以实现人的全面发展为宗旨。蔡元培认为："教育家欲由现象世界而引以到达于实体世界之观念，不可不用美感之教育。"

美育在整个教育体系中占有十分重要的地位。美育是美学和教育学相结合的产物，其目的就是用美教育人、教化人。美育的内容主要包括艺术美、社会美、科学美等，艺术美是其最重要也是最典型的内容。艺术在提升人的审美情感、激发人的创造活力方面具有积极的作用。可以说，艺术是人类创造性发挥最为充分的领域，而创造活力又是推进经济社会发展的重要保证，是促进社会和谐的动力。

作为我国社会主义精神文明建设重要组成部分的群众文化，应该随着社会的发展而不断创新。近年来，人民群众的精神文明生活需求发生了重大变化，群众文化在人民生活中的地位和作用显得格外重要。在这样的背景下，群众文化的审美教育功能更应该得到重视。广大人民群众通过参与积极向上的群众文化活动，可以提高道德水平和审美水平，并自觉抵制不良文化的侵袭。

第三节　群众文化产生和发展的原因

一、社会存在是群众文化产生的基础

社会存在是群众文化产生的基础。根据历史唯物主义的观点，社会存在是第一性的，社会意识是第二性的。不是社会意识决定社会存在，而是社会存在决定社会意识。群众文化属于社会意识形态，是社会存在的一种反映。

群众文化是因为有了人的文化活动，有了能开展文化活动的社会环境才得以产生的。群众文化活动的种种形式，是社会生产力和生产关系的反映。当人类与生产资料（劳动资料和劳动对象）相结合形成了改造自然的能力，这种存在于社会之中的生产力就反映到了群众文化中来。

群众文化与其他意识形态一样，也具有相对独立性，对社会的发展起着巨大的能动作用（促进的或阻碍的作用）。有时，在特定的社会经济基础改变以后，这种基础的群众文化在相当长的时间内还会存在并产生一定影响。因为群众文化作为一种社会意识形态，对社会有依赖性，所以随着社会存在的变化，群众文化也必然会或迟或早地发生变化。

二、社会的变革是群众文化发展的外因

辩证唯物主义认为，社会生产力同生产关系的矛盾，经济基础同上层建筑的矛盾，是人类社会发展的根本动力。社会生产力的发展，要求生产关系进行相应的调整和变革，这就构成了生产力同生产关系的矛盾运动。生产关系（经济基础）的调整和变革必然会引起上层建筑与经济基础的矛盾，从而也就推动了经济基础同上层建筑的矛盾运动。人类社会发展历史表明，社会的变化就是由这种矛盾运动引起的。群众文化的发展史表明群众文化发展的根本原因（不是唯一的原因）在于社会的变化与革新。

当前，在新的历史时期，社会的变革已经引起了群众文化的变化。改革开放不断深化必将推动群众文化发生新的、更符合历史发展规律的、更能满足广大人民群众需求的变化。

三、人的社会需求是群众文化发展的内因

我们考察群众文化发展的历史,分析它产生的内在动力,可以发现是人的社会需求催生了群众文化。人的需求基本上可以分为自然性需求和社会性需求。自然性需求是人作为一个有机体维持生命和延续种族所必需的,其特点往往呈现出周期性,如饮食、睡眠等。社会性需求是个人为适应社会要求而产生的社会需求,主要表现为精神需求,如认识的需求、美的需求等人所特有的需求。认识的需求激励人去学习科学文化知识,探索自然与社会的奥秘,并由此推动科学文化活动的发展;美的需求使人力图美化自己的生活方式。在一定条件下,这两种需求常常促使人们参与和创造群众文化艺术活动。

对社会无穷奥秘的探索,对自身理想的追求,既是人类高层次的需求,也是群众文化发展的内驱力之一。社会越是发展,人类对这种需求的表现就越强烈;群众文化越发展,人类的精神生活需求的内容就越丰富。在当代群众文化活动中,人们踊跃参加各类文化艺术竞赛和训练班、购买高质量图书、跳交谊舞、进行健美训练,这些都说明人们的精神生活质量的提高与社会的发展有着客观的、现实的和内在的联系。

心理学家认为,人的社会需求是与人的社会活动紧密联系的,是人的社会活动的基本动力。人的社会活动被人的某种需求所驱使。社会需求激发人去行动,使人朝着一定的方向,追求一定的目标,以求得自身的满足。需求越强烈、越迫切,由此引发的活动就越有活力。同时,人的需求也是不断更新和发展的。当人通过活动使原有的需求得到满足时,人和周围现实的关系就发生了变化,之后又会产生新的需求,新的需求又会让人去从事某项新的活动。人的社会需求就是如此循环往复,把群众文化活动推向更高层次。

第四节　群众文化指标系统的建设

群众文化指标系统不仅可以用来对群众文化的发展进程进行阶段性评估，同时也是群众文化社会价值的一种衡量标准。

群众文化生产作为一种精神生产，它在产品特点、生产过程和消费过程等方面与物质生产有许多不同之处，所以必须从群众文化的特点出发，建设它的测定指标系统。

一般来说，测定群众文化的指标系统是由文艺人口指标、消费结构指标、兼容能力指标三部分组成的。

一、文艺人口指标

所谓文艺人口，是指受过文化教育、具有基本文艺活动能力的人口。一个人要真正被社会所接纳，成为社会化的人，必须学习和掌握作为社会成员应当具备的知识、技能，其中包括文艺欣赏和参与文艺活动的能力。

文艺人口指标之所以重要，有以下两个原因：

首先，从群众文化与文艺人口培养的关系上看，因为群众文化工作是培养文艺人口的基础性工作。一个人从自然人到社会人的转变，不是与生俱来的，而是靠后天培养的。人们参与群众文化活动的过程，实际上就是培养文艺兴趣、文艺知识、文艺技能的过程。所以群众文化的普及程度，是与文艺人口的培养成正比例的。如果群众文化的普及面广、层次高，那么文艺人口的数量也会增加，层次也随之提高；反之，如果群众文化普及面窄、层次较低，那么可供培养文艺人口的文化活动选择空间就会较小，而且会导致群众文化自身失去新的发展条件。

其次，从文艺人口与国家文化发展关系上看，文艺人口是一个国家的文化艺术活动的主体，是文化发展的基本前提，比如国家需要办多少报纸、印多少书籍、拍多少电影、建造多少文化（艺术）馆（站）等文化娱乐场所，都要用文艺人口作为测算基数。文艺人口的范围越广、水平越高，文化发展的环境就越好。

所以，分析文艺人口的相关数据，不仅可以获取判断群众文化自身发展的某种参照系数，同时还可以获取判断社会文化环境与整个社会政治、经济、文化发展是否相适应的参照系数。

二、文化消费结构指标

我们可以从人们生活方式中获得群众文化活动开展情况的某些参数，并根据这些参数推算出群众文化在人们实际生活中的重要程度。比如，当人们将他们的休闲时间更多地用于参与健康的文化活动时，掌握和希望掌握休闲技能的人会更多。这不仅意味着人们的文化生活丰富，还暗示群众文化的未来发展具有巨大的潜力。反之，如果人们参与健康文化活动的时间较少，掌握和期望掌握休闲技能的人数比例低，就可以说明群众的文化生活不丰富，相关部门可以据此采取相应的措施加以引导和补救。

同时，除国家投入一部分资金用于开展群众性无偿文化娱乐活动之外，在人们家庭消费构成中，也有一部分用于看戏、看电影、旅游等支出，如果对人们文化娱乐支出进行分析，也可以推算出群众文化活动的开展规模和丰富程度。

三、文化兼容能力指标

文化产品的创造不仅仅依赖生产者本身的天赋和经验，还与生产者的智慧紧密相关。如果稍稍回顾一下群众文化的发展历程，我们就可以看到，无论环境如何艰苦、条件如何不尽如人意，群众文化总是通过继承、借鉴前代文化顽强地生存下来，并且受到了人们的认同，这充分证明它是一种兼容能力很强的文化。今天，随着对内、对外文化交流的日益频繁与传播媒体的增多，群众文化有更多机会从传统观念和现代观念、历史文化和当代文化、民族文化和外来文化的交流和借鉴中形成新的文化行为和方式，为广大人民群众提供更多的文化选择机会，创造更加方便的文化参与环境。

通过以上分析，我们可以知道，群众文化是可以定量测算的。因此，建立群众文化的测定指标系统，在理论上是成立的，在实际中是可行的。

第二章　群众文化管理

第一节　群众文化管理的主要内容

一、群众文化的活动管理

文化活动构成了群众文化的最重要内容，其涉及的参与者众多，情境多变且复杂。因此，如何运用科学的方法来优化群众文化活动的管理工作，对于推动群众文化事业的发展具有重要的意义。从目前中国群众文化活动的实际出发，做好群众文化活动的管理工作应着重关注以下四点。

（一）转变文化意识

当前，中国正处在一个快速发展时期，经济结构、劳动组织、生产方式，以及人们的生活节奏、生活方式都在发生变化。群众文化工作者应当从经济改革与文化工作的联系去认识当前群众文化工作的新形势、新特点。这些特点主要表现在以下几点：第一，经济的发展和人们收入的增加为群众文化事业的发展提供了物质基础，群众文化工作者应根据大众的需求，不断调整目标与规划。第二，文化活动已经成为人们生活的一部分，并且渗透到社会生活的方方面面。群众文化与科学文化、体育健身等内容交叉渗透的趋势日益明显。群众文化工作者应当转变文化意识，深刻地认识过去，正确地规划未来，进一步解放思想，实事求是，大胆探索，勇于实践。

（二）调整总体结构

改善文化供求关系，首先应从调整文化的总体结构入手。随着改革开放的深入和经济的迅速发展，目前中国群众文化的总体结构已由自娱文化、供给文化的二元结构向市场文化、自娱文化、供给文化的三元结构发展。这种三元结构把城市文化与农村文化联系起来，组成了开放性的文化网络；把传统文化与现代文化联系起来，促使了群众文化在继承优秀文化传统的基础上向现代化发展；把文化的生产与消费联系起来，使人民群众在文化生活上有更大的选择余地；把有偿服务与无偿服务联系起来，扩大了群众文化的服务领域，加速了群众文化的发展。

二、群众文化的事业管理

（一）群众文化事业管理的构成

群众文化事业指的是与群众文化相关的行政部门、事业机构、文化活动队伍，以及相应的设备和设施。这些机构、队伍、设施对推动群众文化的繁荣与发展具有独特作用。尤其是事业机构和活动队伍，在群众文化事业构成诸因素中，处于中心地位，有必要加以分别阐述。

1.群众文化事业机构的管理

在我国，群众文化事业机构的管理，主要体现在以下三个方面：

一是思想政治工作管理。群众文化事业机构通过党的领导、方针政策的学习、党团组织的建设及思想政治工作，提高政治觉悟，统一认识，统一步调，把每位文化专业人员的积极性、创造性激发出来，调动起来。

二是业务工作管理。业务工作，是事业机构的中心工作。事业机构的业务工作门类很多，有文化宣传教育工作、群众文化活动组织领导工作、群众文化辅导培训工作、对外服务工作等。通过对这些工作的管理，事业机构的整体功能可以得到充分发挥。

三是后勤工作管理。对后勤工作进行管理，可以使业务工作的开展有一个良好的环境。

2.群众文化队伍的管理

群众文化队伍作为群众文化活动的核心载体，其所组织的文化活动占据了群众文化活动的核心位置。因此，加强对群众文化队伍的管理，实际上是对群众文化事业进行管理的关键环节。

对于群众文化队伍的管理，主要方法是通过提供相关资料，进行节目或作品的评选，通过观摩和交流等方式，在活动的方向上给予积极的指导；通过各种方式，如业务培训、示范交流和分类指导，在业务技能提升方面提供帮助。

为了有效地进行群众文化的事业管理，群众文化工作者要注意以下几点：各级群众文化事业机构，要严格履行自己的工作职责，充分发挥自身的作用；要辩证地处理内涵发展与外延拓宽的关系，把工作目标集中在能体现自身优势、特色和价值效应的业务活动上，即通过组织、辅导等方式，开展具有艺术审美价值的文化艺术活动；要明确岗位责任，健全行为规范，推动群众文化事业机构有效地运转。

（二）群众文化事业管理的职能

群众文化事业管理有以下四种职能。

1.计划职能

计划职能包括预测、决策、计划三个环节。预测是决策的前提，计划是决策的结果，预测和计划都是为决策服务的。预测是一种在调查研究基础上进行的分析判断过程；决策是根据分析判断和主客观条件，为实现任务或目标制定和优化方案的过程。发挥群众文化事业管理的计划职能，是实现管理目标的重要手段，是有效地组织人力、物力，促进群众文化高质量发展的保证。一个好的计划，必须体现经过优化决策方案规定的管理目标、发展方向和途径。

2.组织职能

组织是实行决策、实施计划的过程。发挥群众文化事业管理的组织职能，一方面要广泛地宣传管理目标或决策方案，激发热情，增强信心；另一方面要把计划分解后层层下达，使每个岗位的人员都明确自己的责任。同时，还要通过组织职能的发挥，及时协调、解决管理过程中出现的问题和矛盾，保证管理目标的实现。

3.协调职能

在群众文化事业管理过程中，随时都会产生矛盾，这就需要发挥其协调职能去理顺内外关系，因势利导。在群众文化活动中，协调职能具有重要作用。

4.控制职能

在实施计划的过程中出现差错时，就需要通过控制手段加以改正，保证计划继续执行。控制有馈前控制和馈后控制之分，一般应尽量采取馈前控制方式，在制定计划的过程中，按预先的估计，制定相应的控制手段。控制手段有行政手段、法律手段、业务手段、经济手段等多种。

三、群众文化的目标管理

群众文化的目标管理是一个科学的工作流程，它的全过程一般包括六个环节。一是制定群众文化的发展目标。制定总目标是目标管理的出发点，也是层层分解岗位目标的前提。二是制订群众文化活动计划。根据制定的目标，提出实现目标的原则、步骤和方法，确定实施目标的时间表，考虑与有关方面的协作关系，划分管理权限。三是层层分解。提出计划后，要建立多级目标体系，通过层层分解的办法落实到各个岗位，使总目标和岗位目标联系起来，形成上下贯通、责任分明的目标分解网络。四是具体实施。实施是目标的执行过程，各个工作岗位的人员根据自己在实现总目标中所承担的任务，按计划、有步骤地开展群众文化工作，朝着总目标规定的方向前进。在目标实施过程中，目标管理和各环节之间是互相制约的，因此要注意保持工作的平衡性，指挥者要具有较强的领导能力和应变能力，确保目标管理的顺利进行。五是评价目标管理执行效果。对目标管理执行效果进行评估，可以总结出管理过程中的宝贵经验和教训，为奖励的实施提供明确的依据。评价目标管理执行效果应把目标（包括总体目标和岗位目标）作为统一的客观标准，同时应把目标管理执行的效果放在首位，不能离开效果谈贡献。六是计算奖惩。按照工作人员的工作效果采取相应的奖惩措施，这样既是贯彻按劳取酬的原则，也能更好地调动工作人员的积极性和创造性。

四、群众文化的有偿服务管理

有偿服务是指文化（艺术）馆（站）等文化事业机构利用自己的活动场所，在提供无偿服务的同时，对一些活动项目收取少量费用，或者根据公众参加文化活动的需要，除完成本职工作外，向公众有偿提供文化服务，并利用其收入补充业务活动经费的不足。

有偿服务是伴随着经济体制改革、作为文化体制改革的一种有益探索而出现的。有偿服务这种把价值规律引进群众文化领域的探索，虽然时间不长，但效果是明显的，主要表现在以下三个方面：一是通过有偿服务，使某些文化活动按价值规律的要求，自觉接受广大群众的评判和检验，这样有助于促进活动项目的更新、活动领域的拓宽，促进群众文化事业加速发展；二是有偿服务的经济效益使文化事业机构的经济状况有了明显改善，不仅设备增加了，活动内容和形式丰富了，更重要的是使开展无偿服务有了后劲，推动了无偿服务的发展；三是有偿服务一方面可以使文化工作者有用武之地，充分发挥他们的聪明才智，另一方面有助于把文化工作者的本职工作同自身的实际利益紧密联系起来，激发他们工作的积极性。

有偿服务和经营活动是两个不同的概念。群众文化的有偿服务，必须从群众文化的性质、特点出发，坚持群众文化事业的方向，绝不能把具有经济实体性质的企业经营看成有偿服务。从目前状况看，有偿服务的内容大体有四种类型：一是文化娱乐活动，如影视放映、戏剧游艺活动等；二是知识传授活动，如各种艺术门类的学习班、函授班等；三是服务经营活动，如美术、摄影、摄像、复印、装潢、广告设计等；四是生产经营活动，如民间工艺美术品生产、戏剧服装和道具的制作等。

有偿服务活动虽然是群众文化工作的组成部分，但它只是发展群众文化事业的一种补充手段。在开展有偿服务的活动中，必须坚持社会主义文艺方向，以繁荣群众文化事业为目的，努力做到以下几点。第一，以无偿服务为主，把无偿服务与有偿服务有机结合起来。群众文化活动是一种"自娱性"活动，是不带有"商品性"的，因此它必须以无偿服务的形式来展开。要对有偿服务活动进行严格控制，不能不顾实际地盲目发展。第二，正确处理社会效益与经济效益的关系。群众文化工作人员在权衡社会效益与经济效益的关系时，必须始终将社会效益放在首位。第三，因地制宜，量力而行。开展有偿服务是需要条件的，这就要求群众文化工作人员扬长避短，充分发挥自己的优势，比如设备、人才的优势，尤其要注意利用地域特点和地方文化资源的优势，这样才能使有偿服务逐渐形成自己的特色。

第二节　群众文化管理的
内涵与意义

一、群众文化管理的内涵

群众文化管理是一种管理者有意识地对文化事业进行管理和控制的活动，目的是确保群众文化事业的工作流程及文化活动能够以合理和高效的方式进行。对于群众文化管理来说，群众文化活动无疑是至关重要的一环。所有的群众文化管理活动，其核心目标都是更好地服务并推动群众文化活动的发展。

群众文化管理是一个持续的过程，要求群众文化工作人员在特定的时间和空间范围内，根据管理目标，通过特定的手段将人力、物力、财力、时间和设施等基础管理元素整合为一个有机的系统。在传递、交换、反馈、协调和控制该系统内部信息的同时，也要保持与外界环境的相对平衡，以实现最优的社会效果，并最终实现管理目标。

从调节和控制的角度看，群众文化管理与经济管理既有相似之处，又有不同之处。

相似之处主要表现在：第一，二者都有明确的管理目标和完善的管理制度。所有的管理活动都是在特定的目标指导下，对特定的人群进行协调，并具有特定的职能。因此，清晰的管理目标和完善的管理制度是管理活动的核心。第二，二者都需要顺畅的管理信息沟通渠道。管理行为依赖于管理信息的传递，而这些管理信息常常受到管理体制、管理方法和管理工具等多种因素的限制。因此，为了实现有效的管理，必须建立一个流畅的管理信息交流渠道。第三，二者都以管理效率为关键衡量标准。无论是群众文化管理还是经济管理，它们都面临着如何评估效率的挑战，而管理效率恰恰是衡量这些管理成果的关键标准。第四，在处理分散控制与集中控制，以及职权与责任关系等具体管理问题时，群众文化管理方法与经济管理方法也存在一定的相似性。

不同之处主要表现在：第一，在目标上，群众文化管理具有比较明显的非经济性。群众文化管理将社会效益放在首位，在增强社会效益的前提下，相应地获取经济效益。第二，在激励要素方面，群众文化管理主要依赖于信仰、兴趣、爱好、荣誉感等精神要素，而经济管理则更多地依赖于物质要素。第三，经济管理可以通过经济要素的投入与产出的比例来评估效益。尽管群众文化管理的效益也可以用投入与产出来衡量，但确定一个相对准确的评价标准仍然是一个挑战。

从管理的性质出发，群众文化管理呈现出双重性质，它既有社会属性，也有自然属性。群众文化管理的社会属性主要体现在其必须满足社会大多数人的需求，同时也受到生产关系和社会关系的制约和影响，因此群众文化工作者应当尊重事物的固有发展规律，科学合理地进行群众文化管理。

二、群众文化管理的意义

群众文化管理是我国群众文化事业迅速发展的必然要求。群众文化事业作为我国精神文明建设的重要组成部分，必须随着四个现代化建设的进程而相应地发展。群众文化事业不只要在群众文化的生产能力上有所提高，同时，也应丰富文化服务的条件和优化服务结构。只有这样，群众文化事业才能更好地实现其综合发展的目标。

群众文化管理不仅能对人的生产活动进行指挥、监督和控制，同时还能调动人的积极性，提高人的素质和创造力，提高劳动生产效率。因此，管理者要研究人的运动规律与人在群众文化活动中的作用，建立完整的思想政治工作体系，采取精神与物质激励相结合的调动人的积极性的措施，充分发挥人的创造能力。

第三节 群众文化管理的
原则和方法

一、群众文化管理的原则

（一）与当地经济水平和地理条件相协调的原则

群众文化的建设与管理必须根据当地经济水平、自然地理条件、人口数量等基本要素，做到加强领导、积极发展、因地制宜、量力而行、讲究实效、稳步前进。如果不顾当地实际承受能力，在文化建设与管理上提出过高要求，那么不仅不容易达到目标，还容易造成资源浪费；反之，如果群众有要求，当地也有条件，但不去发展，那么不仅会挫伤群众的积极性，群众的科学文化水平也不能得到提高，这会影响当地的整体发展。

因此，从当地的经济承受能力、人口数量、文化程度等实际情况出发，对群众文化的建设与管理做出正确判断与决策，是群众文化管理必须遵循的原则。

（二）以满足人民群众精神生活需要为根本目的的原则

要想满足人民群众日益增长的精神文化需求，相关部门就需要不断改革文化的供给侧结构，不断丰富群众精神文化生活，让文化产品供给方最大限度地生产出量多质优、人民群众喜闻乐见的文化产品。人民群众能够体验到多姿多彩的文化生活，这也是社会发展的一个重要标志。群众文化管理的目的，就是要为劳作之余的人们提供休息、娱乐、社交、学习和进行各种创造性活动的场所和条件，不断满足他们的文化生活需要，提高他们的文化创新能力。

（三）实施集中统一领导、全面系统管理的原则

群众文化系统是一个统一的整体，它一方面同外界各种社会因素有着复杂的联系，另一个方面其自身内部又是一个完整的体系。因此，要想对群众文化进行有效管理必须坚持集中统一领导和全面系统管理的原则。

所谓集中统一领导，就是对群众文化系统内部哪些该发展、哪些该压缩、哪些该扶持、哪些该反对、哪些该实行有偿服务、哪些该实行免费服务等，实行规划统一，目标统一、政策统一，实现有效的宏观控制，使群众文化的发展水平与经济、政治等社会发展条件相适应。

所谓全面系统管理，就是要为群众文化制定近期、中期和长期的发展战略规划，规定各个时期所要实现的目标，保证群众文化系统内部各要素之间的有序运行，以及与外界有关系统之间的均衡协调。

（四）坚持各种效益相统一的原则

在坚持社会效益与经济效益、长远效益与暂时效益、整体效益与局部效益相统一原则时，首先需要妥善处理社会效益和经济效益之间的关系。群众文化为群众服务，为社会发展服务，是群众文化社会效益的体现，它应当在此前提下考虑经济效益；而取得经济效益的最终目的，是使群众文化增强服务群众和服务社会的能力。其次，要处理好文化建设与文化消费的关系。重消费、轻建设，会使文化发展丧失后劲；重建设、轻消费，会使文化建设失去目的。只有两者协调发展，才能获得长远效益和暂时效益的有机统一。

二、群众文化管理的方法

（一）群众文化管理的行政方法

群众文化管理的行政方法是依靠行政组织，利用行政工具，并按照行政程序来组织、引导大众的文化活动。

群众文化管理的行政方法由文化行政机构来实施。文化行政机构是按照文化行政管理的需要，根据一定的等级制度组织起来的政府机构。其核心职责是根据既定的权限，对其所属的文化单位和地方文化事业进行统一的管理。群众文化管理的行政方法包括行政机构在进行文化行政管理时所采用的各种决策、决定、命令、规章、制度、纪律、规划等。

群众文化管理的行政方法具有以下特点：

第一，行政方法只适用于由国家或地方财政拨款的文化事业机构和企业单位。

第二，拥有文化行政管理权的机构，必须是当地政府中的行政部门。行政管理权具有权威性，它通过强制的方式组织、引导文化活动。

第三，实施行政管理必须贯彻集中统一领导的原则，下级文化部门必须服从上级文化部门的领导。

第四，运用行政管理方法应当做到权责一致，进行文化行政管理的各个部门、各方面人员都应有职有权，职权一致，才能确保行政管理的权威性。

行政管理方法既有优点，也有缺陷。优点是集中统一，目标明确；缺陷是在管理过程中容易出现僵化现象，影响人们创造性的发挥。

（二）群众文化管理的经济方法

利用经济手段来管理群众文化意味着依赖经济调控机构，并根据文化发展中出现的经济准则和规律，采用经济策略来进行文化管理。

所谓经济调节控制机构，即文化事业的财政管理部门、工商管理部门、税收部门和银行等组织机构。所谓经济手段，即财政拨款、价格调节、经济罚款等经济杠杆，以及经济责任制、经济合同制等制度。所谓文化发展中体现出来的经济原则和经济规律，是指在文化市场运行中起作用的价值规律和等价交换原则。

通过经济手段对群众文化进行管理，实际上是利用物质利益来激发文化企业的热情，从而推动文化行业的持续繁荣；利用多种经济策略来平衡文化的生产者与消费者，以及政府和企业在文化活动中的互动关系。这有助于为群众文化的发展注入经济活力。

（三）群众文化管理的业务方法

群众文化管理的业务方法，是指根据群众文化的特点和规律，通过业务辅导、专业培训、业务等级考核，以及会演、评比等形式，从业务上对群众文化进行管理。群众文化活动是一种复杂、敏感、富有个性的活动，因此，用业务方法进行管理比较符合它的特点。

用业务方法对群众文化进行管理的优点：

第一，具有针对性。群众文化业务范围非常广泛，包括文学、戏剧、音乐、舞蹈、曲艺、绘画、摄影、民间工艺等文化艺术门类。这些门类几乎都是一个独立的领域，各自都有其特殊的运行规律。用业务方法进行管理，可以从这些不同门类的特点出发，更具有针对性。

第二，体现民主性。通过辅导、评论、培训等业务手段，来提倡、鼓励需要扶持和发展的优秀文化活动，抑制需要控制的文化活动。这种业务上的民主做法，符合精神生产的特点，能够更好地调动业务人员的积极性和创造性。

运用业务方法对群众文化进行管理，必须充分发挥群众文化组织、各种群众文化活动队伍的作用，这些组织和队伍的参与，使业务管理具有更广泛的群众基础。

（四）群众文化管理的法律方法

为了满足社会的文化需求，政府权力机关发布了各种文化法律，以调整和规范文化单位、群体和个人在文化活动中的交往关系，确保人民群众的文化生活能够顺利进行，这就构成了群众文化法律管理方法的核心内容。法律具有权威性，所有人都必须遵守。因此，法律管理的方法具有很强的约束力。

不同的社会制度有不同的文化管理方针和原则。封建社会的法律是为巩固封建统治阶级的利益服务的；在社会主义制度下，运用法律方法对群众文化进行管理，则是为了维护人民的利益。

（五）群众文化管理的思想教育方法

群众文化管理中的思想教育方法主要是指通过劝导、教导、批评和自我批评来解决文化活动中出现的问题，并遏制文化生活中不良因素的扩散。群众文化工作的重点是加强人们思想道德方面的建设，提高全民族思想、道德和法律水准。这就要求在管理中必须加强思想教育。

以上五种方法各具特点，各有优势，群众文化工作者在实际运用中只有将其有机结合，才能提高管理效果。

第四节 群众文化管理的
层次、类别及特点

一、群众文化管理的层次和类别

按照系统分析的观点，群众文化管理可以分为不同层次和不同类别。不同层次和类别的管理者有不同的管理任务。

（一）群众文化管理的层次

中国现行的群众文化管理体制，一般可划分为三层，即最高决策层、中间调控层和基层执行层。

最高决策层是指中央和省（自治区、直辖市）级党政领导机构中的文化主管部门，这个层次具有牵一发而动全身的作用。它的管理任务大致有以下三个：第一，根据国家的经济文化发展战略，制定有关群众文化发展的总方针；第二，根据文化发展总方针，制定有关政策和法规，并根据执行过程中的反馈，修正、补充这些政策法规；第三，规定下属部门的职责、权限。

中间调控层是指市、县级党政领导机构中的文化主管部门。就管理的具体任务来说，中间调控层与最高决策层的任务差不多，只是范围缩小到自己管辖的地域而已。但是，它的管理侧重点应放在：第一，结合本地实际，做好群众文化发展预测，制定发展群众文化的具体规划，并组织实施；第二，对本地域内的社会文化事业进行政策性管理的同时，要做好沟通、协调、平衡工作。中间层次在整个群众文化大系统中，具有承上启下的作用。

基层执行层是指文化馆、文化站等群众文化单位。这些单位是整个群众文化管理链条中的一部分，它除了要贯彻执行上述两个管理层布置的任务，还要重点关注自身的管理内容，主要有以下两点：第一，抓好本单位内部的思想政治工作、业务工作、行政事务、财会工作等。第二，正确处理与相关单位的关系，例如，与文化宫、青年宫等同类型事业机构之间的关系；与文联、共青团、妇联等社会团体之间的关系；与公安、工商、财税等执法单位的关系。

（二）群众文化管理的类别

1.市级的群众文化管理

市级文化事业的壮大不仅极大地加速了城市自身文化事业的进步，而且还能够促进周边城镇和农村的文化事业蓬勃发展。

市级的群众文化管理任务主要有四项。

（1）指导的任务

指导的任务包括指导全市范围内贯彻国家文化方针、政策；明确地方文化事业发展规划；遵循文化客观发展规律。贯彻国家文化方针政策贵在坚持从实际出发，防止生搬硬套。地方文化事业发展规划主要是指地方文化事业中期规划和远期规划，明确地方文化事业发展规划是实现市级文化管理预期目标的必要手段。遵循文化发展客观规律，是指不能仅凭主观愿望、个人爱好和一般行政工作经验来指导文化发展。

（2）间接控制的任务

市级的群众文化管理主要是对文化组织和群众文化生活的行为进行引导、调节和监督，而不是直接控制，简单地管住、卡死或者统包统揽。间接控制的根本目的是解决矛盾，纠正偏差。

（3）服务的任务

服务的任务是指文化工作者不要过多干预文化组织和个人的文化活动，而要对文化艺术产品的生产、经营、消费，以及社会性文化活动发挥指导、组织、协调、监督的职能，重点在于创造一个有利于本市文化健康发展的环境。

（4）中介协调的任务

政府对群众文化实行间接管理后，市级文化管理的中介协调职能显得更为重要。政府和管理对象具有各自的特点，市级文化管理单位需要对群众文化进行多方面协调才能使其达到平衡、协调发展。

2.县级的群众文化管理

县级的群众文化管理联系着广大城镇居民和农民，满足他们的文化需求，推进农村物质文明和精神文明建设，在文化管理系统中具有深远意义。县级的群众文化管理工作作为国家文化管理工作的组成部分，在本县区域内体现国家文化管理的意志。

农村群众文化管理无疑是县级群众文化管理的重要组成部分，县文化管理部门要在管理实践中协调农村文化基础设施的建设，运用各种管理手段，引导农村文化产品合理地生产、经营和消费。县级群众文化管理还应当重视区域内群众文化资源特点，在管理上既要注意保护，又要重视开发。

县级群众文化管理要注意挖掘和利用农村群众文化的潜在优势。这种潜在优势主要体现在以下两点：一是农村文化市场优势。农村存在着多层次、多品种的文化消费需求，不同文化艺术产品和文化娱乐服务都有广泛的受众。二是集镇文化中心的潜在优势。集镇与农村地区有着紧密的联系，集镇文化的发展会带动周边乡村文化的发展，因此，开发和利用集镇文化具有非常广阔的前景。

3.乡际文化交流活动的管理

农村乡际文化交流活动是群众文化活动的组成部分。对乡际文化交流活动的管理，要着力构建农村文化新形式，逐步形成开放式、网络型的农村文化新格局。一要根据农村文化发展的客观规律来组织文化活动，通过各种形式的联合协作，建立纵横交错的文化网络。二要依靠乡与乡之间的吸引力来组织文化活动，管理部门要积极指导与协调。三是在条件许可的前提下，引导文化交流活动向更广阔的空间发展，即不仅在本县区域内的乡与乡之间交流，还可以在毗邻县之间组织乡村文化交流，以便形成更大范围的横向联合。

4.文化（艺术）馆的管理

文化（艺术）馆的管理，是指管理者遵循群众文化的发展规律，运用科学的管理手段和方法，建立高效的组织机构，合理地进行人员分工，极大地发挥文化（艺术）馆内人、财、物等因素的作用，依靠及时、准确的信息和严密合理的控制，组织和领导全体成员，实现工作目标的过程。

文化（艺术）馆的管理，要努力做到以下两点。

（1）树立管理的时间观念

文化（艺术）馆的管理者要树立管理的时间观念，确保群众文化活动中人、财、物的有效结合。

（2）树立管理的空间观念

重视空间位置和周围环境对群众文化活动的制约。树立空间观念，就是要充分了解本馆的历史、现状，逐步提高本馆的利用率，拓宽辐射面，真正使文化（艺术）馆在本地区起到示范作用。

管理的空间观念还表现在外部，如文化网点的设置、文化设施的布局，都要考虑有利于空间整体位置的协调，这有利于提高管理效能。

5.文化站的管理

文化站是国家设立，政府举办的，乡、镇、城市社区、街道办事处一级的基层公共文化事业机构，同时也是当地居民进行各类文化和体育活动的主要场所。

文化站的工作内容：第一，业务工作。宣传、贯彻执行党的方针政策和国家法律法规，开展社会主义和爱国主义教育；普及科学技术和文化知识；组织群众文化体育活动，指导农村文化室、文艺社团等群众文化组织开展各类活动。第二，行政工作。包括文化市场管理工作，文物管理工作，个体文化管理工作。第三，以文补文工作。在保证全面完成业务工作和行政管理工作的前提下，积极开展作为本身业务延伸的有偿服务活动。

文化站的管理体制：文化站隶属于乡（镇）人民政府和街道办事处，同时接受上级文化部门的指导和辅导。对所属地域内的群众文化组织负有管理和指导的责任。

二、群众文化管理的特点

群众文化管理的主要特点有以下几个。

（一）以繁荣群众文化活动为中心的整体管理格局

无论是群众文化活动、群众文化事业还是群众文化工作，它们都是确保群众文化机制能够正常运作的关键环节。群众文化活动不仅是群众文化机制的核心动力，更是群众文化的生命之源。如果缺少了这些活动，群众文化的效果就会大打折扣。群众文化事业作为群众文化活动的关键载体，虽然其活动方式多种多样，但在各种文化场所以群体形式进行的文化活动，始终是群众文化活动的一种主导形式。

（二）纵横交错的管理形态

群众文化的纵向管理有两个方面的内容：一是指国家对群众文化的领导，包括重大决策、指导思想、群众文化工作体制的确定，以及群众文化立法等；二是指从中央文化部门到省（自治区、直辖市）文化部门、地（市）文化部门、县文化部门对群众文化的领导、指导和管理。党中央集中统一领导和管理全国的群众文化事业，指导省（自治区、直辖市）群众文化工作。各省（自治区、直辖市）政府和文化部门的双重领导，以同级政府领导为主。各级文化厅（局）分别领导各自管辖范围内的地方群众文化事业。这种"条块结合、以块为主"的管理体制，反映了中国群众文化事业发展的实际，它的优势是有助于发挥地方政府和地方文化机构的积极性，对发展地方群众文化事业具有促进作用。

群众文化的横向管理指的是各级文化部门对相关机构、单位群众文化工作的整体管理。

（三）多种管理方法综合运用

群众文化这一事物也有它的内部联系和外部联系。因此，群众文化管理不能单独运用行政方法（即依靠行政机构和领导者的权力直接对被管理对象产生影响），必须配以教育方法（即通过提高认识，提高群众文化工作者、参与者的自觉性和积极性）、业务辅导方法（即通过事业机构的业务活动对群众文化队伍或骨干人员从具体业务上进行指导和帮助）、经济方法（即按照经济规律进行群众文化管理）、法律方法（即用法律这种肯定的、明确的、普遍的规范，把群众文化管理方面的方针政策条文化、制度化、具体化，以便人人遵守，依法检查监督），才能使群众文化这个庞大而又复杂的机制正常运转。

第五节　群众文化管理的
创新与发展

一、群众文化管理的思想创新与发展

群众文化活动的主要管理者是党及各级政府相关部门，党和各级政府工作的宗旨在于为人民服务，所以，以人为本是进行群众文化管理的重要思想理念。在进行群众文化管理的各个阶段，都应以群众的需求、群众利益等为中心，引导群众建立积极、健康的生活理念，尽可能地组织更多的群众参与到各类文化活动中。除此之外，应以科学发展观为指导，让群众文化工作始终保持针对性及先进性，根据时代发展需求及各个区域的实际情况，及时、准确地发现群众文化工作中存在的各类问题，并有针对性地采取各种措施。应对群众文化活动内容、形式、组织过程等各个方面进行有效指导及创新，让群众文化活动更具科学性、民族性、时代性。只有确保群众文化活动与时代发展相适应，才能更高效地引导群众参与其中，最终促进群众文化管理的发展。

二、群众文化管理的形式创新与发展

现阶段，人们在物质生活得到满足的基础上，更重视精神追求，他们更愿意参与到文化活动中。群众文化工作受环境因素的影响，各个区域开展的文化活动在内容上和形式上都具有很大差异，也逐步表现出个性化和多元化的发展趋势。在此情况下，文化管理部门及相关工作人员应以满足不同区域的群众文化需求为导向来创新文化活动形式，可以在传统文化活动中注入新的形式，也可以将比较新潮的文化活动在相关区域进行推广和普及。只有对文化活动及其形式进行持续创新，才能源源不断地激发群众的参与热情，最终用丰富多样、精彩纷呈的群众文化活动满足群众的精神需求。

三、群众文化管理的硬件设施创新与发展

群众文化活动可以分为两种，即有形活动和无形活动，分别指具体的活动项目和思想层面的活动。其中，具体活动项目应投入相应的硬件设施才能开展。创新硬件设施，在一定程度上可促进群众文化管理的创新。各地政府部门应在群众文化工作中投入更多的财力、人力、物力等，确保相应的配套设施可以得到有效的维护和更新。同时还应明确自身的工作职责，将群众文化工作渗透在城乡建设的过程中，让有形活动和无形活动都能得到创新性发展。此外，应花大力气支持各个地区的文化事业建设，建立街道文化站、村文化中心等各类文化场所，为完善群众文化管理提供重要的支持。

四、群众文化管理的机制创新与发展

工作机制能为工作的有效开展提供保障，因此推进群众文化管理机制创新与发展是促进群众文化工作高效开展的关键。进入新时期，群众文化工作面临更多的挑战，只有持续不断地更新、完善管理机制，不断完善各种活动的理论框架，才能将管理理论更充分地运用到工作实践中，最终提升群众文化管理的质量。因此，管理和协调群众文化工作的相关人员应以时代发展为基础，反思和总结过往工作中的教训及经验，持续参考和学习国外先进的管理方式，提高群众文化管理效率。

第三章　群众文化工作

第一节　群众文化工作的概念、
任务和基本原则

一、群众文化工作的概念

在公共文化服务体系中，群众文化工作占据着重要位置，它是群众文化领导部门、专业机构以及工作人员在领导、指导、管理、组织、辅导和研究群众文化活动时所表现出来的社会化行为。

具体来说，群众文化工作的概念有四个方面的含义：

第一，明确了群众文化工作的性质—公共文化服务体系的一个组成部分。

第二，明确了群众文化工作的主体——群众文化的领导部门、专门机构和工作人员。

第三，明确了群众文化工作的内容——领导、指导、管理、组织、辅导和研究群众文化活动。

第四，明确了群众文化工作的范围——全社会。

二、群众文化工作的任务

群众文化工作作为公共文化服务体系的重要组成部分，应与公共文化服务体系的建设目标和任务保持高度一致。群众文化服务与其他形式的公共文化服务有所区别，其核心是吸引大众参与文化和艺术活动，以民众为中心，旨在满足他们的基础文化需求。

按照当前公共文化服务体系建设的要求，群众文化工作的任务主要有以下几个。

（一）满足人民群众文化需求

群众文化的领导部门、专门机构和工作人员应积极组织群众文化活动，满足广大人民群众的基础文化需求。

1.进行公共文化鉴赏

公共文化鉴赏具有陶冶情操、愉悦身心、舒缓精神、培养情趣等多重功能，对提高人们的思想文化素质和精神文明水平具有重要作用。可以采用多种形式开展以群众文化服务为中心的公共文化鉴赏活动，如开设用于群众读书、看报、上网、欣赏音像制品等的专门厅室；采用政府购买、政府补贴、市场参与等方式为群众提供免费欣赏戏剧、舞蹈、音乐等专业文化艺术的机会；组织专业和业余文化艺术团队开展送高雅艺术进社区、进乡村的活动；组织绘画、摄影、书法等各种形式的展览（包括网上展览）活动等。

2.组织群众文化活动

组织群众文化活动能激发人们的生活热情，人们不仅可以从中感到愉悦，也能展示自身的才华，满足自我表现的欲望。为群众文化服务，就是要为群众提供参加文化活动的机会和条件。例如，激发群众文艺积极分子的潜能；组织丰富多彩的公园、广场、节庆等群众文化活动，为群众的演出活动搭建平台；组织各类群众文艺比赛和会演，调动群众参加活动的积极性等。

3.提高文化艺术素质

群众文化工作应当致力于提高全民的文化艺术素质,通过文化艺术宣传的形式,对群众进行爱国主义、集体主义、社会主义的教育,弘扬社会主义核心价值观,弘扬中华民族的优秀传统文化与民族精神,提高人们的审美能力、鉴赏能力、艺术修养等多方面的综合素养。群众文化的领导部门、专门机构和工作人员应担起提高全民文化艺术素质的重任,积极开展各类普及性的文化艺术培训、各类文化艺术交流活动等。

4.组织群众参与文艺创作

人民群众既是文化艺术的享受者,也是文化艺术的创造者。群众需要以文化艺术创作的形式来表达个人的思想、意志、观念和愿望。从根本上说,参与文艺创作是人民群众应当享有的文化权利。因此,应当鼓励和支持人们参与群众文艺创作,创造群众参与文艺创作的良好氛围。

(二)促进人的全面发展

群众文化工作承担着传播先进文化、进行社会教育的重要职能。这种社会教育不是简单的说教,而是以群众喜闻乐见的形式和潜移默化的方式来实现的,也就是通过举办各种丰富多彩的群众文化活动,吸引群众积极参与,从而促进人的全面发展。

1.培育和谐、文明的社会风尚

培育和谐、文明的社会风尚对于维护社会稳定、促进社会进步、增强人民团结具有重要作用。群众文化工作者应把建设和谐、文明的社会风尚作为自己的工作职责,通过搭建群众文化活动的平台,开展丰富多样的群众文化活动,编创弘扬正气的群众文艺作品,宣传社会主义精神文明,倡导爱祖国、爱人民、爱劳动、爱科学、爱社会主义的思想;宣传社会主义传统美德,倡导助人为乐、尊老爱幼、互助友爱、无私奉献的精神;宣传社会主义道德风尚,倡导文明礼貌、诚实守信、和谐友善、勤劳质朴的民风,以此促进和谐、文明的社会风尚的形成。

2.激发全民族的文化创造活力

人民群众是文化创造的主体。广泛开展群众文化活动，能够在活动中激发群众创造文化的热情和潜能，获得文化创造的灵感，并且在创造中享受文化。

三、群众文化工作的基本原则

（一）群众文化工作要坚持公共文化服务的基本原则

1.以人为本原则

以人为本是群众文化工作的首要原则。这一原则着重于满足广大人民群众的基础文化需求和保护他们的基本文化权利。坚持以人为本原则，就是要从保障人民群众基本文化权益出发，把为人民群众服务放在群众文化工作的首位。以人为本原则要求群众文化工作必须准确把握新时代背景下人民群众对精神文化生活的新需求、新期待，切实保障公共文化生活的公平，使文化发展的成果被全体人民共享。

在群众文化工作中坚持以人为本原则，具体表现为：以满足群众的文化需求为目标，不断提高群众文化产品和服务的供给能力及质量；坚持把群众的满意度作为评价群众文化工作的根本标准，不断提高群众文化工作的整体水平；提供公平、便捷的群众文化服务，保障群众的合法权益。

2.公益性原则

公共文化服务的核心特性是公益性。根据法律，公民有权享受特定的文化权益，也就是在公共文化活动中获得公共文化产品和服务的权益。从这一原则出发，相关机构必须承担起为群众提供免费的或优惠的群众文化服务的职责。

在群众文化工作中坚持公益性原则体现为：免费开放群众文化设施，实现群众文化场所的"零门槛"进入；无偿提供群众文化活动的场地和设备，开设群众可以参与的各类免费活动项目；协助政府部门选购群众所需的文化产品，完成政府交办的各类文化艺术演出任务；组织免费的基础性文化艺术培训；等等。

3.公平性原则

公平性原则强调公民在获得群众文化资源、享受群众文化服务方面所应享有的平等权利，包括服务内容、服务质量，以及服务过程的平等性。群众文化服务必须惠及全民，地域、年龄、性别、贫富以及文化水平高低都不能成为群众公平地获取群众文化资源、享受群众文化服务的障碍。公平性原则要求群众文化工作必须满足不同地域、不同人群的文化需求，将服务面惠及全体人民，使人人都能获得机会均等、质量稳定、公正公平的文化服务。

在群众文化工作中坚持公平性原则体现为：树立"人人享有文化权利"的理念，提高对群众文化服务普惠性的认识；根据人民群众不同的文化需求，合理配置群众文化资源和提供群众文化服务；关注文化基础薄弱、文化资源匮乏的地域和人群，保障农村和特殊人群的基本文化权益。

4.基本性原则

基本性原则强调群众文化工作所提供的群众文化产品和服务满足的是群众一般性的文化需求。该原则强调群众文化工作不可能满足公民所有的文化需求，只能提供公共文化鉴赏、组织群众文化活动等基本群众文化服务。

换言之，群众文化服务机构提供的不是群众需求的全部精神文化内容，其超出基本文化需求的部分，不属于无偿提供的范围。那些个性化、多元化的文化需求，群众需要通过市场购买的方式来实现。基本性原则对群众文化工作的要求，就是要积极提供群众基本文化需求范围内的文化服务。

在群众文化工作中坚持基本性原则，体现为：以提供基本性的群众文化服务为出发点和目标，充分保障群众的基本文化权益；提高群众文化服务质量，保证群众文化服务的满意度；拓宽基本性群众文化服务的范围，坚持以免费的方式提供文化服务；满足部分非基本性、个性化的群众文化需求，探索合理的有偿服务方式。

5.便利性原则

群众文化工作的便利性原则是以人为本原则的具体体现，也是实现公益性原则、公平性原则的前提和条件。便利性原则强调在建设群众文化设施、获取群众文化信息、组织群众文化活动，以及提供群众文化服务的过程中，必须为广大人民群众提供便利。

在群众文化工作中坚持便利性原则，主要有四个方面的要求：一是要求群众文化设施布局合理，使群众能够就近前往，省时省力；二是要求相关群众文化信息传播渠道快捷畅通，使群众能够及时获取，便于查询；三是要求群众文化活动安排得当，方便群众参与；四是要求群众文化服务程序简便，使群众能够顺利获取，任意选用。

在群众文化工作中坚持便利性原则，体现为：新建群众文化设施应选在交通便利、人口集中的地域，便于群众聚集活动且易于疏散；建设以服务半径为标准的群众文化服务圈，合理延长群众文化设施的开放时间，确保群众文化服务的总量充足；开展送文化下农村、下社区、下基层服务，提供灵活多样、便捷到位的服务；充分利用现代化的信息技术手段，运用网络、影像、数字化技术为群众服务；加强群众文化资源的采集整理，提高远程供给能力；关注特殊人群的群众文化服务，为残疾人和老幼群体设置便捷、无障碍的服务通道。

（二）群众文化工作要遵循群众文化发展的规律

1.群众文化需求与满足群众需求存在矛盾

群众文化的多样性主要体现在服务内容的多样性，以及服务方式的多样性上。

群众文化服务内容的多样性包括：群众文化活动样式的多样性，如文学、音乐、舞蹈、戏剧、美术等；群众文化活动类型的多样性，如创作、表演、展览、培训、观赏等；群众文化形态的多样性，如城市群众文化、农村群众文化等；群众文化特色的多样性，即由于民族、地域等不同形成了具有不同特色的群众文化。群众文化服务内容的多样性为满足群众多样性的文化需求创造了条件。

群众文化服务方式的多样性包括：群众文化供给方式的多样性，如政府购买、群众文化机构提供、志愿服务、民间组织自给等；群众文化服务手段的多样性，如广场及公园活动、送文化下基层、特殊群体服务等。

目前，群众文化在满足群众需求方面虽然有了长足的进步，但是要想完全满足群众日益多样化的文化需求，仍然有较长的路要走。群众文化事业正是在不断地满足人民群众多样性和动态变化的文化需求过程中逐步发展的。

2.群众文化与客观环境相互制约

群众文化与其赖以生存的客观环境有着密切的联系。群众文化赖以生存的客观环境包括自然环境、社会经济环境、文化环境、科学技术环境、政策环境、安全环境等，这些环境在很大程度上可以影响和制约群众文化的发展。

自然环境是群众文化存在的基础，它不仅影响人们的生产和生活习惯，还决定了人们对群众文化形式和内容的选择方向。

社会经济的发展环境为群众文化提供了所需的动力和物质条件，这不仅决定了群众文化的发展水平、运营模式，还影响着人民群众对群众文化的需求程度，以及满足群众文化需求所需的物质条件。

文化环境是群众文化生态的根基，影响着群众文化的发展方向和价值取向。

科学技术环境可以为群众文化提供新的技术支撑和物质保障，可以促进群众文化服务内容和服务方式的丰富和更新，提高人们参加群众文化活动的热情和人们文化消费的积极性。

政策环境能为群众文化的健康发展提供生存空间，引导群众文化遵循正确的方针和政策，保障群众获得基本的文化服务，保障群众文化工作获得所需的资金、设备和人才支持。

安全环境则可以为群众文化提供良好的活动空间，使群众能在和谐的氛围中享受群众文化带来的快乐，保障人民群众生命财产的安全，保障国家文化信息和文化主权的安全。

同时，群众文化的发展也对客观环境具有反作用，健康的群众文化可以促进客观环境更加优化，反之则会导致客观环境逐渐恶化。因此，群众文化与客观环境是相互影响、相互制约的关系。群众文化工作者应当尊重两者之间的客观规律，任何不尊重甚至违反这一规律的行为，都会对群众文化产生不良影响。

3.群众文化活动在群众文化诸要素中居于核心地位

群众文化是由群众文化活动、群众文化工作等要素构成的一个完整的体系。在这一体系中，群众文化活动居于核心地位，群众文化活动的存在和发展决定着其他群众文化要素的存在和发展。

群众文化工作之所以要以群众文化活动为重点，主要有以下原因：

第一，群众文化活动是群众文化最基本的表现形式。人们基于对群众文化活动形态的认识，发展了群众文化；也是基于对群众文化活动形态的认识，逐步开始对其进行组织和管理，才发展了群众文化工作。因此，群众文化活动是群众文化工作的基础，要想有效地开展群众文化工作，就必须深入了解和研究群众文化活动的内在规律。

第二，参加群众文化活动能够满足人民群众的基本文化需求。人民群众的基本文化需求主要在于获得求知、求乐、求健、求美的心理满足，并从中获得身心的放松和精神的愉悦，这也是人们参加群众文化活动最主要的动机和目的。从另一个侧面来讲，正是由于群众文化活动具有内容丰富、形式多样的特点，其才能够发挥多重效应。

第三，参加群众文化活动是群众喜闻乐见的娱乐方式。群众文化活动可以满足人们娱乐休闲、情感宣泄和审美实现等多样化的、个性化的需求。特别是时代的发展，各种高科技手段的广泛应用，使群众文化活动对人们的吸引力逐渐增强。因此，在开展群众文化工作时应以组织群众文化活动为中心，丰富人民群众的文化生活。

第二节　群众文化工作的绩效考核

一、群众文化工作绩效考核的对象

群众文化工作绩效考核的对象主要有以下三个。

（一）政府

政府是群众文化服务的责任主体，这是由政府承担的公共事业职责所决定的。政府有责任为公民提供群众文化服务，是群众文化服务的主要提供者和管理者。政府文化部门是群众文化工作绩效考核的第一考评对象。

（二）群众文化事业机构

群众文化事业机构作为政府主管的文化事业机构，承担着协助政府为公民提供群众文化服务的任务，是群众文化服务的骨干力量。群众文化服务工作是群众文化事业机构绩效考核的重点内容。

（三）企业和社会组织

企业和社会组织也会参与群众文化服务项目的组织和落实，也应当纳入群众文化绩效考核的范围。

二、群众文化工作绩效考核的内容

（一）政府群众文化工作的绩效考核

政府群众文化工作绩效考核对检验政府群众文化工作的质量具有重要意义。主要体现在：一是有助于促进政府认识群众文化工作的重要性，准确把握群众文化工作的定位；二是有助于提高政府群众文化工作的水平，实现群众文化监督管理的规范化、制度化；三是有助于政府了解群众文化需求的动态变化，为群众提供高质量的群众文化服务。

政府群众文化工作绩效考核的内容主要包括：政府对群众文化经费的投入；政府对群众文化设施的建设；政府对群众文化工作的协调；政府对群众文化产品和服务的提供；政府对群众文化事业机构的管理；政府对群众文化管理规范的制定。应根据政府群众文化工作的绩效考核内容，确定和完善群众文化工作的指标，把群众文化工作指标纳入政府政绩考核和精神文明城市、文化先进县（区）评比的指标。政府群众文化工作绩效考核可以采用指标评估、群众评议、上级政府部门评价相结合的方法。

（二）群众文化事业机构的绩效考核

群众文化事业机构的绩效考核对于提高群众文化的服务水平、凸显群众文化事业机构的社会价值具有重要作用。随着政府对公益性文化事业投入力度的加大，群众文化事业机构能否发挥自身作用，达到与国家投入、公民需求相契合的社会期望值，越来越被政府和人民群众所关注。

群众文化事业机构的绩效考核，应在一套系统化、量化、科学以及与实际工作紧密相关的评价指标体系的基础上进行。这套指标体系应能反映政府对群众文化工作创新发展的要求，体现群众文化公益性服务的本质特色，并对整个群众文化工作起到引导作用，要具有可行性和可操作性。

群众文化事业机构绩效考核的内容主要包括：群众文化设施的利用、群众文化经费的使用；群众文化队伍建设；群众文化制度规范建设；群众文化服务的满意度。群众文化事业机构的绩效考核应以群众的满意度作为首要标准。

（三）企业和社会组织的绩效考核

企业和社会组织的绩效考核有助于保证特定文化项目的完成，有助于保证专项资金的使用效率，也有助于完善配套的、针对性更强的群众文化评价指标体系。

三、群众文化工作绩效考核的作用

（一）保障公民权利

群众文化服务涉及公民的公共文化利益，体现了公民的基本文化权益。公民通过依法纳税，获得享受社会文化生活的权利，有权享受政府提供的群众文化服务，加强群众文化工作的绩效管理有利于保障公民的这些权利。

（二）提升服务质量

要使群众文化服务获得公民的认可，需要提升群众文化的服务质量；而要保证群众文化服务的质量，则要求群众文化工作者有较强的责任意识，包括服务群众的工作热情、对待工作的认真态度等。加强群众文化工作的绩效管理，可以促进群众文化服务质量的提高。

（三）提高服务水平

群众文化服务需要实施者有较高的政治素养、业务水平、组织能力等，需要投入设施、设备、资金等大量的公共资源。加强群众文化工作的绩效管理工作，有助于提高资源的使用效率，进而提高服务水平。

（四）衡量服务完善程度

群众文化工作的绩效管理还可以检查群众文化服务过程中技术工具的使用效果，找出群众文化服务过程中制度保障方面的疏漏，以提供技术完善、制度严密、运转协调、管理高效的群众文化服务。

第三节　群众文化工作的新要求

一、群众文化社会化对群众文化工作的新要求

市场经济条件下的群众文化与计划经济时期相比发生了很大的变化，其中最明显的就是群众文化的社会化。群众文化的社会化对群众文化工作提出了两点新要求，分别是群众文化运行机制的社会化与群众文化服务供给方式的社会化。

（一）群众文化运行机制的社会化

群众文化运行机制的社会化使群众文化从群众文化事业机构内部的小循环转变为整个社会环境中的大循环，从而拓宽了群众文化工作的发展空间。

随着市场经济的发展和人民群众文化需求的增加，群众文化运行机制的社会化已经十分明显，主要表现为：社会文化机构进入群众文化服务领域，社会文化资源广泛用于群众文化服务，社会资金参与投入群众文化事业。在公共文化服务体系建设的背景下，群众文化运行机制社会化的特征将更加明显。

如何利用社会文化资源开展群众文化服务，引导和鼓励社会资金投入群众文化事业和兴办群众文化服务机构，是群众文化工作的新课题。一方面，要认识到群众文化运行机制社会化给群众文化带来的巨大效益，充分发挥其在提升群众文化服务品质，增强群众文化服务能力，以及满足群众多样化、多层次文化需求方面的巨大作用；另一方面，要认识到群众文化运行机制社会化给群众文化带来的变化，充分利用运行机制变化的优势发展群众文化事业。

（二）群众文化服务供给方式的社会化

群众文化服务供给方式的社会化主要表现为：引进竞争机制，采取政府购买、项目补贴等方式从市场购买群众文化服务；政府鼓励兴办社会公共文化服务中介组织，以及群众文化团体、机构。群众文化服务供给方式的社会化，改变了以往群众文化产品和服务主要由群众文化事业机构独家提供的单一化形式，有效地引入了市场竞争机制，有助于解决群众文化产品供需不对称、群众文化服务质量不高等问题。

政府购买方式是由政府文化部门或委托的群众文化机构按照规定程序，以约定方式向符合资质要求的社会文化组织或文化企业定向、定量购买群众文化产品。项目补贴方式是指政府部门对社会文化组织或文化企业，采取资金补贴或奖励等方式来获取群众文化产品。此外，还可以采取银行贷款担保、贷款贴息、减免税收等方式获取群众文化产品。

社会公共文化服务中介组织是为了满足文化市场的需求而设置的，其主要职责是为供应和需求双方提供必要的信息，并推动文化交易的进行。社会公共文化服务中介组织是联系公共文化服务体系中供需双方的纽带，在合理配置公共文化资源、调整供需双方关系等方面具有重要作用。

随着群众文化服务供给方式的改变，群众文化工作的政策、目标受众，以及实施方式都需要进行相应的调整。

二、群众的文化需求对群众文化工作的新要求

多方面、多层次、多样化的群众文化需求，对群众文化工作提出的新要求主要体现在以下三个方面。

（一）将提高服务质量和增强服务能力作为工作的重点

群众文化需求的变化，要求群众文化工作在解决群众文化服务供给不足问题的同时，把提高服务能力、拓宽服务领域、创新服务方式、提高服务质量作为工作的重点。

随着科技进步和经济发展水平的逐步提高，人们的文化需求已经有了显著的变化，主要体现在以下两点：

第一，人民群众要求群众文化服务有更高的质量。群众文化事业机构所提供的群众文化产品和服务应该满足群众多方面、多层次、多样化的文化需求。因此，群众文化工作必须结合人民群众对群众文化的需求，致力于创作与人民日常生活紧密相连、广受群众喜爱的文艺作品，提高群众文化产品和服务的供给质量。

第二，人民群众要求群众文化事业机构有更强的服务能力。群众文化事业机构在服务能力上的不足，会在很大程度上影响群众文化服务水平的提高。因此，群众文化事业机构需要密切关注群众文化需求的变化，根据群众的需求不断提高服务能力和服务水平。

（二）建立群众文化需求的反馈机制

近年来，许多群众文化部门和机构都针对本地区群众文化生活的需求状况进行了富有实际意义的调研，从文化设施、文化队伍、文化活动和服务方式等多方面掌握了群众文化需求的第一手资料，分析研究了社会经济发展水平，群众的年龄结构、文化程度、工资收入等因素对群众文化需求产生的影响，为提

供有效的群众文化服务做了重要的基础性工作，也为提高群众文化服务水平创造了条件。

群众文化需求的变化，要求群众文化工作必须加强对群众文化需求的研究，建立群众文化需求的反馈机制，以便及时、快捷地掌握处于动态变化中的群众文化需求，并根据群众的需求提供"按需定供""菜单式""配送式""超市式"等一系列创新型服务。

（三）提高群众文化工作信息的及时性和透明度

群众文化需求的变化，要求提高群众文化工作信息的及时性和透明度，让群众易于获得信息，方便群众选择自己喜欢的活动，满足群众的不同需求。

群众文化需求不仅体现在获取群众文化服务的内容上，也体现在获取群众文化服务的方式上。因此，提供群众文化服务信息的形式、方法也要适应群众的需求。这种需求体现在以下三个方面：

第一，为群众提供足够丰富的群众文化服务信息。群众参与群众文化活动时需要获取的信息主要包括：引导标识，如群众文化场所的位置标识、活动厅室（活动区域）的分布标识等，以引导群众尽快到达目标位置；服务信息，如服务项目、活动时间、有关规章制度，以及各类服务预告的信息，以方便群众适时地参加群众文化活动，了解相关的规定和程序；设备设施使用信息，如为群众专用的设备设施应标明使用方法和注意事项；专门提示，如火警匪警电话、禁止类内容提示、无障碍标识等。

第二，提供群众文化服务信息的方式要具有多样性，具体包括：设置公告栏，如对于变更性、临时性的服务信息，可在群众易于发现的位置设置专门公告栏予以公告，重要信息应提前进行公告；利用其他手段公布信息，如利用所设立的网站或通过在电视台、电台发布消息等方式进行公告。

第三，保证群众能及时获取正确的群众文化信息。即应使群众获取信息的通道保持通畅；群众获取的群众文化信息应翔实、准确。

三、政府职能转变对群众文化工作的新要求

（一）加强对群众文化的宏观管理

随着改革开放的不断深入和经济发展水平的不断提高，政府在群众文化工作中的角色应进行积极调整，即在职能分工上做到政事分开、管办分离，在实施管理上做到强化服务、提高效能。

从这个要求出发，政府的群众文化管理职责应主要体现在：强化服务大局、服务群众、服务基层的意识，提高群众文化的服务能力；加强对群众文化服务机构的管理，完善对群众文化工作质量的监督；改进群众文化的管理方式，提高群众文化管理科学化、制度化和规范化水平；加强群众文化队伍建设，提高群众文化工作的服务效能。

（二）加强对群众文化的社会管理

在公共文化服务体系建设的大背景下，政府群众文化工作的职能应由重点管理群众文化事业机构和直接主办群众文化活动，转到对群众文化的社会管理和支持各级各类文化单位开展群众文化服务上来，集中精力支持和帮助各级文化单位开展群众文化服务工作。

（三）建立保障机制和绩效考核机制

政府文化主管部门是在代表政府行使管理、指导和监督群众文化事业机构的职责，群众文化事业机构是在政府文化部门的主导下，完成群众文化服务的具体任务。理顺二者之间的关系，需要进一步明确政府文化主管部门对群众文化事业机构管理的具体内容，包括但不限于：加大群众文化事业机构的设施建设，改善群众文化服务的设施设备条件；完善群众文化管理的政策法规，制定群众文化事业的发展规划；加大对群众文化事业机构的投入力度，健全群众文

化人、财、物的保障机制；确定群众文化事业机构的功能定位，完善群众文化管理和服务的规范标准；加强对群众文化事业机构的监督检查，完善群众文化工作的绩效考核制度。

四、信息技术的应用对群众文化工作的新要求

随着互联网时代的到来，人们的工作和生活方式都发生了巨大的变化。探索如何利用信息技术来创新群众文化活动，已经成了所有群众文化从业者必须持续关注的课题。

（一）促进信息技术在群众文化服务领域的应用

促进信息技术在群众文化服务领域的应用，是当前群众文化工作的一项重要任务。

信息技术的发展不仅改变了人们的生活方式，也促进了服务方式的转变和更新。将信息技术应用于群众文化的工作实际中，对更新群众文化服务方式、提高群众文化服务能力具有重要意义。

信息技术对社会公众的生活方式产生了深远影响，例如，微信为人们提供了一个平台，使人们能够创建自己的群组进行在线交流，而每个人所处的社交圈子或群组既有其独特性，也存在交集。这种交流方式极大地提升了信息传递的效率，并加强了人与人之间的交流与互动。

考虑到这一点，广大的群众文化工作者应当充分利用信息技术的独特优势，提高群众文化工作的整体服务水平。

（二）加强面向群众的数字文化的惠民服务意识

现代信息技术是一个内容十分广泛的技术群，并已经广泛地渗透到人们的生活、学习和工作中，在改进群众文化工作方式、提高群众文化服务能力方面

发挥着重要作用。相关部门应以现代信息技术为支撑，以面向群众的数字文化资源建设为重点，加强服务意识。

（三）构建数字群众文化服务网

全国文化信息资源共享工程（以下简称"文化共享工程"）是新形势下构建公共文化服务体系、惠及千家万户的一项重要文化基础工程，是政府提供公益性服务的重大文化项目，是实现广大人民群众基本文化权益的重要途径，对于改变落后地区信息闭塞的状况，缩小"数字鸿沟"，提高广大人民的科学文化素质，推进社会主义文化大发展大繁荣和建设和谐社会，具有重要作用。

以文化共享工程为基础构建数字群众文化服务网络，既有现实基础，又有发展前景，既有助于群众文化服务手段的升级，也有助于丰富基层群众的文化娱乐生活，传播优秀文化艺术作品。

第四节　群众文化工作的创新发展策略
——以文化馆为例

一、健全人才培养机制，选拔优秀专业人才

随着科技、文化和社会的快速变革，文化馆面临着前所未有的挑战。为更好地适应新形势，增强服务效果，人才成为文化馆创新发展的关键因素。因此，文化馆应做好顶层设计，采用多元化手段健全人才培养机制，选拔优秀专业人才。

首先，建立完善的人才培养体系。文化馆应与高校、研究机构等教育机构建立紧密的合作关系，共同设计和开展专业化的培训，为文化馆工作人员提供持续学习和发展的机会。

其次，文化馆要定期组织内部培训，邀请行业内外的专家学者进行授课，帮助工作人员不断学习新知识和新技能。

再次，强化选拔机制，确保招聘到真正的专业人才。在招聘过程中，文化馆应该注重候选人的专业背景、工作经验、创新能力等方面的综合考核，而不能仅仅关注学历和资历。

最后，注重跨领域人才的引入和培养。随着数字技术、跨文化交流、创意产业等新兴领域的崛起，文化馆的工作范围在不断拓展，内容也在不断深入。为了适应这一变革，文化馆应该积极引进和培养跨领域的人才，如数字技术专家、创意设计师、跨文化交流专家等，使其成为文化馆创新发展的新动力。

二、做好统筹规划，加大资金投入力度

面对新的社会变革和文化需求，文化馆的工作不应局限于传统的展览和文化活动，要进一步深化与广大群众之间的联系。充足的资金支持是推动文化馆工作创新发展的重要保障。而合理、高效地利用这些资金，就要做好统筹规划。

首先，对文化馆的发展目标、任务、功能和重点工作等进行明确规划是至关重要的。只有明确了目标，才能对资金进行合理配置，包括对硬件设施的投入、对文化活动的支持、对人才培养的资助等。

其次，文化馆要深入研究和了解群众的文化需求。通过问卷调查、座谈会、线上反馈等方式，收集和分析群众的文化需求信息，以确保资金投入更加合理、优化，进而满足群众的期望。

最后，应提高资金使用效率。文化馆要建立并完善财务管理机制，包括预算管理、资金审批、财务监督等具体环节，确保资金使用的透明度和合理性。

三、因地制宜，完善基础设施建设

文化馆作为群众文化工作的关键载体，在新时代面临着一系列挑战和机遇。为了适应这些变化，提高服务效率和满足群众日益增长的文化需求，文化馆要不断进行创新和改进，因此完善基础设施建设显得尤为重要。文化馆要基于自身发展策略和服务模式，做好基础设施建设，彰显自身特色。每个地方都有其独特的历史、文化特点，这些都应该在文化馆的规划和设施建设中得到充分的体现。为了真正做到因地制宜，文化馆相关人员应深入研究当地的历史、文化和社会背景。例如，海滨城市的文化馆可以重点展示与海洋文化相关的内容，而位于山区的文化馆则可以更注重展现当地民族文化和自然景观。完善基础设施建设意味着不仅要保证文化馆的物质条件满足公众的需求，还要确保其技术设施与时俱进。现代文化馆不再仅仅是传统的文化展示场所，还要注重群众体验感，要提供数字化服务，这就要求文化馆在硬件设施上进行持续的投入和更新。此外，文化馆还应该考虑如何提高设施的包容性，如为特殊人群提供便利的设施、为儿童和老年人设计特定的活动区域等。

四、引入数字化技术，加强数字文化馆建设

随着数字技术的迅速发展，人们的生活方式、学习方法和交流手段都发生了巨大变化。为了更好地服务现代社会，文化馆也应与时俱进，引入数字化技术。引入数字化技术和加强数字文化馆的建设已成为文化馆面临的新机遇。数字文化馆不仅是对传统文化馆内容的数字化转化，更是交互方式和传播方式的变革，能够进一步丰富群众文化活动形式。通过运用数字技术，文化馆可以为群众提供更为丰富、立体的文化体验，使参观者不受时空限制，能够随时随地进行文化学习和探索新奇事物。文化馆可以通过虚拟现实、增强现实和混合现

实技术，为参观者提供沉浸式的文化体验。比如，参观者可以戴上虚拟现实眼镜，身临其境地感受艺术家的创作过程。同时，引入人工智能和机器学习技术，文化馆可以根据每位参观者的兴趣爱好和历史浏览记录为其提供个性化的推荐服务，并通过数据分析，更好地了解群众的需求和偏好，从而优化其展览内容和服务方式。

第四章　群众文化队伍

第一节　群众文化专业队伍

一、群众文化专业队伍的定义

群众文化专业队伍有广义、狭义之分。

广义上讲，群众文化专业队伍是指那些日常参与群众文化活动的各种文化事业机构的员工，包括各级文化馆、综合文化站，以及人民团体和社会组织专门设立的文化中心和青少年宫等机构的工作人员。

狭义上讲，群众文化专业队伍是由从事群众文化专业技术和管理工作的群众文化事业机构的从业人员组成的，主要包括群众文化事业机构的管理人员和专业技术人员。

二、群众文化专业队伍的组建

群众文化专业队伍的组建涉及人员来源、人员构成和人员管理三个方面。

（一）人员来源

群众文化事业机构采取面向社会公开招聘的方式，扩充群众文化专业队伍。公开招聘应坚持德才兼备的用人标准，坚持公开、平等、竞争、择优的原则，并根据群众文化业务所需的专业，注重对拟用人选才艺、业绩和实际工作能力的考核。

具体招聘流程为：①公开发布招聘信息，内容应涵盖用人单位的基本信息、招聘职位、招聘员工的数量和待遇、应聘人员的资格要求、招聘方法、考试和考核的时间（或时限）、考试内容、考试范围以及报名方式等，最后进行资格的初步审核。②依据预定的招聘条件，对应聘者的资质进行审核，以确定那些满足基本要求的候选人，并进行相应的考试和评估。③根据群众文化专业和拟聘岗位的特点确定考试科目和方法，可采用笔试、面试等多种方式，重点进行专业知识、业务能力和工作技能的考查。④一般初审合格者可参加由相关专业机构组织的公共科目笔试；笔试合格者可参加由各用人单位进行的专业技能测试或面试；急需引进的高级专业人才，可采取直接考核的方式。

对于成功通过考试的应聘者，将对其思想政治态度、道德修养、专业技能和工作成果等进行评估，并重新审查其资格要求，然后确定候选人并进行公开展示。也就是说，需要组织相关人员进行集体研究，根据考试和考核的结果来确定拟聘用的人员，并在适当的范围内公示 7～15 天，然后正式聘用。根据人事管理的权限进行报批或备案，然后由法定代表人（或受委托人）与受聘人员签署聘用合同，以确立人事关系。

（二）人员构成

群众文化专业团队的成员应由在群众文化事业机构专门从事群众文化艺术和相关业务的专业人员组成，这不仅包括文化馆（站）的专业人员，还包括其他群众文化机构的专业人员。以政府设立的群众艺术馆、文化馆的专业人员为例：群众文化专业人员的专业知识应涉及文学、音乐、舞蹈、戏剧、曲艺、美术、书法、摄影等艺术门类，同时其应具备演出设备管理、数字化服务设备管理等能力。群众艺术馆、文化馆应保证各专业门类配备齐全，并保证其中部分门类配备专业人员。每个门类及职能的专业人员数量，可根据群众文化事业机构的具体情况而定。尤其对于县级文化馆而言，应根据人员编制合理配置相关门类及职能的专业人员。

一些文化站由于人员编制的限制，不可能配备齐全的专业人员，可根据自身条件和地域特色，优先配备受众群体广泛、群众需要的相关艺术门类的专业人员。

（三）人员管理

群众文化事业机构的专业人员需经过培训考核合格后方可持证上岗。在对专业人员进行管理时，应实行岗位职级管理制度，并相应地引入人员聘任、工资分配和社会保障制度，从而将人员管理从身份导向转向基于岗位职级的分类管理。个人的薪酬待遇与其工作岗位的任务量、难度和责任程度紧密相关，遵循"岗位对应等级、薪资与岗位相应变化"的原则，加强绩效管理，并激励专业技术人才向"专业能手"方向发展。

此外，应根据群众文化事业机构中专业人员的专业类别、岗位，进行分类细化管理，实行不同的考核办法，科学设岗，竞聘上岗，评聘分离，以岗定薪，岗变薪变。

三、群众文化专业队伍人员选拔标准

进入群众文化专业队伍的人员应符合以下标准。

（一）具备良好的政治思想素质

群众文化工作者所进行的是社会审美教育，因此要求群众文化专业队伍的人员应具备良好的政治思想素质。一是对群众文化工作充满热情，具有强烈的责任意识；二是要有良好的思想品德和正确的人生观、价值观，并能正视和解决自身存在的问题；三是面对各种复杂的社会现象要有较强的识别能力和判断能力，坚持弘扬真善美，摒弃假恶丑；四是要有强烈的服务意识和无私奉献的精神。

（二）具备较强的专业技术能力

群众文化专业人员要具备较强的专业技术能力。一是要掌握相关的专业知识；二是要具备群众文化活动的组织工作能力，包括策划能力、指挥能力、辅导能力、教学能力等；三是要具备一定的专业理论修养，具有分析问题和解决问题的能力；四是要具备进行群众文化传播的技能和进行群众文化理论研究的技能。

四、群众文化专业队伍的培训

加强公共文化服务的人才队伍建设，提高群众文化专业队伍的服务水平，是各级政府文化部门的职能。从这个意义上说，群众文化专业队伍的培训应由各级政府文化主管部门负责。因此，各级政府文化部门需要根据党和国家的文化政策和时代需求，以及考虑群众文化专业队伍的整体水平、共性特点和薄弱之处，有针对性地对专业队伍人员进行岗位培训和继续教育。

群众文化专业队伍的培训内容包括：国家有关文化方面的政策和法律法规、公共文化服务体系建设及有关群众文化的基础理论和专业知识、各类群众文化艺术的专业知识和技能等。我们只有准确地理解和把握国家在文化建设方面的目标、任务和政策，才能确保群众文化工作不偏离社会主义先进文化的发展方向。因此，加强对国家文化政策和相关法律法规的培训是提升群众文化专业队伍工作质量的基础保障。

对群众文化专业队伍的培训，应注意做到以下两点：

一是根据人员的岗位类别分类进行。群众文化事业机构的岗位主要分为管理岗、专业技术岗和工勤技能岗。三种岗位的职能特点有明显的区别。因此，应设置不同的培训班种和培训内容。培训课程可分为公开课和专业课：公开课以公共文化知识为主，所有人员均可参加；专业课则应根据不同岗位的需求，以不同岗位的不同知识为主要内容。

二是根据专业技术人员的职称层次开设培训班种和课程。可针对初、中、高级不同职称的人员，分别开设基础班、提高班和研修班，并进行有针对性的考核。

第二节　群众文化骨干队伍

一、群众文化骨干的特征

群众文化骨干是群众文化活动的基本力量，在群众文化活动中发挥着带头作用。群众文化骨干具有三个方面的特征：

第一，热爱群众文化，能够以满腔的热情投入群众文化工作。热爱群众文化是群众文化骨干最重要的精神动力，能够使群众文化骨干积极投身于群众文化活动的组织和开展工作。

第二，具有一项或多项文化艺术专业技能，并乐于助人。群众文化骨干一般具有较高的专业文化艺术水平，在群众中有一定的影响力，具有表演示范能力和辅导指导能力。

第三，具有较强的组织能力，能够引导他人参加群众文化活动。群众文化骨干在群众文化活动中大多集组织者、辅导者和管理者于一身，有较强的组织协调能力。

二、群众文化骨干队伍的建设

建设一支优秀的群众文化骨干队伍，主要包括以下几个方面的内容：

第一，提升群众文化骨干的专业能力，为他们提供参与各类培训、互动、演出以及进一步学习的机会。群众文化骨干虽然热爱群众文化艺术，具有一定的群众文化艺术特长，但很多文化骨干没有系统地学习过文化艺术专业知识和技能，需要不断地充实知识和提高技能水平，往往对参加培训、交流、表演、深造的要求十分强烈。因此，各级群众文化事业机构应定期对他们进行培训，为他们创造更多的实践和深造机会。

第二，对群众文化骨干组建的群众文化（艺术）社团，在场地、师资、设备等方面给予积极的扶植和帮助。群众文化骨干和他们组建的群众文化（艺术）社团在群众文化活动中发挥着十分重要的作用，因此各级政府文化部门和各级群众文化事业机构应根据群众文化骨干和他们所在的群众文化（艺术）社团的水平、层级、活跃程度等因素，在活动场地、师资、设备等方面给予不同程度的扶植和帮助，并提供必要的辅导和服务。

第三，采用表彰、奖励等手段，调动群众文化骨干的积极性。表彰、奖励等手段对群众文化骨干有着重要的激励作用，各级政府文化部门和各级群众文化事业机构应分别从组织管理和业务管理的角度，采用多种方式对优秀的群众文化骨干进行表彰和奖励。

三、群众文化骨干队伍的考核

（一）考核时间

应定期对群众文化骨干队伍进行考核。考核周期一般为一年。根据工作常规，可选在自然年度结束后的时间段进行考核。

（二）考核内容

群众文化骨干队伍的考核内容主要包括以下几点：

第一，个人群众文化专业知识和技能的考核。主要考核个人专业特长方面的知识和技能，如舞蹈、音乐、戏剧等方面的内容。

第二，个人参加群众文化活动业绩的考核。主要考核个人年度内取得的成绩，如参加相关群众文化活动所获得的奖项、表彰，发表（出版）的个人作品（专著）等。

第三，个人参加群众文化培训学习情况的考核。主要考核个人参加各类辅导、培训的情况，包括所学的知识、学习体会及考勤情况等。

（三）考核方式

群众文化骨干队伍的考核可采用总结、考试、问卷、评比、测评等多种方法。考核方式应灵活、多样，可对不同类别、不同艺术专长的群众文化骨干采用不同的考核方法。例如，对于群众文化（艺术）社团的负责人，可采用总结、交流的方法；对于一般的骨干成员，可采用考试、问卷的方法；对于属于相同艺术门类的骨干人员，可采用比赛、评比的方法。对于在考核中表现出色的人，除给予精神上的奖励外，还应给予他们一定的物质奖励。

（四）考核目的

考核目的是准确掌握群众文化骨干队伍的专业水平，及时获得群众文化骨干队伍的需求信息，以调动群众文化骨干人员的积极性，更好地为其提供帮助。

第三节 群众文化（艺术）社团

一、群众文化（艺术）社团的作用

群众文化（艺术）社团的作用主要体现在以下五个方面：

第一，团结群众文化爱好者。群众文化（艺术）社团是人们为了满足自身的群众文化需求而建立起来的组织，它通过群众文化固有的沟通效能、吸引效能和激励效能，促进社团内部与外部的相互交流，起到团结凝聚群众文化爱好者的作用。许多群众文化（艺术）社团都是凭借这种特殊的作用，从最初的几个人、十几人，而逐渐扩展为几十人甚至几百人，吸引了越来越多具有相同志趣的群众文化爱好者参与其中。

第二，搭建群众参与文化活动的平台。群众文化（艺术）社团是一个具有特殊作用的群众文化活动平台，其一般具有相对固定的活动场所，作为经常开展聚集性活动的地点。群众文化（艺术）社团通过组织群众文化活动带动和感染更多的群众参与其中。

第三，推动群众文化活动的开展。群众文化（艺术）社团举行的各项活动可以促进群众文化活动的广泛开展。政府文化部门和社会文化机构举办的各类群众文化活动也往往需要群众文化（艺术）社团的参与。群众文化（艺术）社团自身具有的组织性，也为举办群众文化活动提供了诸多便利。群众文化（艺术）社团能够通过文化艺术的传播和传递，有效地推动群众文化活动的发展。

第四，提高群众文化活动的水平。群众文化（艺术）社团成员一般有共同的审美需求，加之骨干成员的号召力和专业力量的指导，社团通常具有高度的凝聚力，这不仅能够有效促进学习、交流、排练、演出等活动的顺利开展，还有助于群众文化活动水平的提高。

第五，促进社会的和谐。群众文化（艺术）社团成员具有共同的兴趣和爱好，能够在公共活动场所起到示范作用，有助于促进社会和谐发展。

二、群众文化（艺术）社团的特点

群众文化（艺术）社团的特点体现在以下几个方面。

（一）群众参与的广泛性

群众文化（艺术）社团数量众多，能满足不同年龄、不同层次人群的文化娱乐需求，并吸引众多群众文化爱好者参与其中。群众文化（艺术）社团的准入条件一般较低，凡符合社团条件的人都有机会加入。其活动内容丰富，以文学、音乐、舞蹈、曲艺、小品、书法、美术、摄影等文化艺术类别为主，也有灯谜、集邮、读书会等群众喜闻乐见的活动形式。

（二）社团成员的内聚性

很多群众文化（艺术）社团内部，会产生一个或几个有威信的核心人物，核心人物拥有一种自然的影响力，在这种影响力的作用下，社团内部可形成比较显著的内聚力，即在核心人物周围拥有一批自觉维护社团核心利益的骨干成员。在这些骨干成员的带动下，社团成员具有强烈的集体意识。

（三）活动形式的灵活性

群众文化（艺术）社团的成员、活动方式和活动地点都相对稳定，但受外部环境影响时易发生改变。群众文化（艺术）社团的活动多是在社团成员工作、学习之余或在离退休之后的闲暇时间进行的，因此对活动时间、活动要求一般没有严格的限制，活动形式也比较灵活。

（四）保障条件的不确定性

一些群众文化（艺术）社团存在成员不固定、需求不稳定、经费无保证、任务不确定的情况，特别是由于没有固定的经费来源，活动场地和设备也没有保障。随着各级政府对群众文化（艺术）社团重视程度的提高，群众文化（艺术）社团在活动场地、业务辅导等方面有了基本保障，社团自身也大多利用公园、广场等公共场所开展活动，但这种潜在的不确定性仍然在很大程度上制约着社团的生存和发展。

三、群众文化（艺术）社团的组建和管理

群众文化（艺术）社团从性质上说属于社会团体，但与政府有关部门和其批准成立的政治性社团组织不同。群众文化（艺术）社团可以由有关部门和单位负责组建和管理，也可由社会成员自我组建和管理。群众文化（艺术）社团一般与当地政府文化部门没有行政上的隶属关系，但需接受政府文化部门的管理、指导和监督。群众文化（艺术）社团的组建和管理主要有以下五种方式。

（一）由群众文化事业机构组建和管理

由文化馆、文化站、青少年宫、工人文化宫、老干部活动中心等群众文化事业机构组建和管理的群众文化（艺术）社团一般要求在群众文化事业机构备案，具备一定的专业水准，社团活动也较为正规。

以文化馆组建和管理的群众文化（艺术）社团为例，这类社团一般分属不同的艺术类别，组建和管理的难易程度也有差异。大致可以分为三种模式：第一种，由具有相应的文艺专业背景的文化馆业务人员具体组建和负责日常管理，需要相关人员倾注大量的时间和精力；第二种，社团已经具有一定的规模和实力，有自己的组织机构和负责人，文化馆只负责安排业务人员进行辅导；

第三种，挂靠在文化馆的社团，其内部组织机构比较健全，日常只需利用文化馆的设施场地并以文化馆的名义开展活动，文化馆只负责检查指导，保证活动顺利进行，并提供必要的服务。

（二）由街道、乡镇一级机构组建和管理

由街道（政府派出机构）、乡镇政府委派相关职能部门组建和管理的群众文化（艺术）社团一般承担协助当地政府完成文化宣传方面的任务，以地方群众文化团队的名义参加当地组织开展的群众文化活动，由当地政府部门给予一定的资金或物力支持。

（三）由社区居委会、村委会组建和管理

社区居民委员会、村民委员会为活跃地域群众文化生活也可以组建和管理群众文化（艺术）社团。社区居民委员会、村民委员会均属于自我管理、自我教育、自我服务的基层群众自治组织，其组建的群众文化（艺术）社团多为满足群众自娱自乐的需要，组建程序简便，限制条件较少。这类社团一般由社区（村）文化室负责日常管理工作。

（四）由企事业单位、社会团体组建和管理

由企事业单位、社会团体为满足企事业文化建设的需要而组建的群众文化（艺术）社团的主要功能是展示企事业单位、社会团体的对外形象和精神风貌，增强内部的凝聚力和向心力。一般由工会或相关部门进行管理。

（五）由业余文艺骨干组建和管理

由群众文艺骨干个人根据自己的兴趣和专长自发组建和管理的群众文化（艺术）社团主要利用公园、广场等公共场所，有时也利用组织者的个人住所开展活动，社团活动以自娱自乐为目标，以感情为纽带，组织管理相对松散，

组织成员处于动态变化之中。

一部分群众文化（艺术）社团相对正规，有的已登记为面向全社会的法人社团组织；多数社团均只在地区群众文化管理部门备案，纳入地区群众文化的管理范围，以业余群众文艺团队的名义开展活动；还有部分社团未进行登记和备案。

相对正规的群众文化（艺术）社团一般符合一定的组建规范，内容包括：自觉遵守国家的法律法规，有相对明确的社团名称和组织管理机构，有相对稳定的社团成员，有可以利用的活动场地，有相对稳定的活动时间和活动规范等。

第四节　群众文化队伍建设的创新与发展

一、群众文化队伍建设的新目标

（一）为群众文化发展提供人才保障

人才资源是第一资源。群众文化团队亟须培养一批既有知识又有文化修养，专业能力出众、有强烈责任感，并对群众文化事业充满热情的人才。要使群众文化所需的人才能够源源不断地充实到群众文化队伍中来，就需要进一步完善群众文化的人才管理体制和用人机制。目前，我国群众文化队伍的人员结构较之以往有了很大的改变，一批专业院校毕业的大学生、研究生不断进入群众文化队伍。

1.加强对从业人员的规范化管理

群众文化从业人员是指在各级群众文化事业机构工作的人员。群众文化从业人员大体可分为三类：一是群众文化事业机构的管理人员，即各级群众艺术馆、文化馆（站）的馆长、站长及其他管理人员（职员）；二是群众文化事业机构的专业技术人员，即从事群众文化艺术活动及辅导的群众文化业务人员；三是群众文化的工勤技能人员。对这三类人员应当区分情况，采取不同的方式进行管理。这是从业人员规范化管理的重要方面。

对群众文化从业人员的管理，应在建立健全群众文化人才引进、培养、选用工作机制的基础上，针对不同专业和门类的特点，加强分级分类指导，实行动态管理，并不断加大管理力度，注重在实践中发现和培养人才。同时应建立严格的人才绩效考核制度，将群众文化从业人员的工作情况纳入年度绩效目标考核之中。要强化对群众文化从业人员的培训，把培训的重点放在提高思想政治和业务素质，以及提高群众文化工作的能力等方面。

2.吸引优秀人才进入群众文化领域

群众文化工作的重点在基层。要想解决基层群众文化人才资源不足的问题，鼓励高校毕业生以及专业文艺院团改革中的分流人员到基层从事群众文化工作，是一条重要的途径。例如，农村中"大学生村官"从事群众文化工作，城市中专业文艺院团人员及社区中的文艺人才在社区中担任文化指导员，都能对基层群众文化活动的开展起到重要的推动作用。

吸引各类优秀人才从事基层群众文化工作还可以采用如下方法：一是对基层群众文化事业机构的空缺岗位实行社会招考录用，特别注重从社会各界发现具有文艺特长和实际工作经验的群众文化人才，通过聘用考核，安排到基层群众文化事业机构去工作。二是在群众文化系统中建立人才选拔和调动机制，对上级部门或单位的职位及岗位空缺，可采用从基层群众文化机构选调拔尖人才的办法，激励在基层工作的优秀人才奋发进取；针对在上一级机构工作的群众文化优秀人才，应鼓励和选派他们到基层锻炼或工作，以积累工作经验，促进优秀人才的合理流动。三是对于在群众文化领域工作多年的群众文化工作者，应鼓励他们到基层挂职，以此推动基层群众文化工作水平的提高。

3.建设专兼职群众文化工作队伍

基层文化骨干和文化能人是群众文化队伍的重要组成部分，也是群众文化工作的有生力量。活跃在社区、农村中的群众文艺团队、特色文化户（家庭）等，都可能成为基层文化骨干和文化能人。因此，应该高度重视并最大限度地发挥这些文化骨干和文化能人在基层文化活动中的作用，不断壮大专兼职群众文化工作队伍。

（二）为群众文化发展提供制度保障

1.规划引导

政府的文化部门有责任成立一个专门负责群众文化人才建设的领导小组，并制定相应的群众文化人才工作实施计划，同时将这一工作纳入基层领导团队的目标考核责任体系。同时，对群众文化事业要准确定位，在政策法规上规范群众文化人才的选拔、培养和使用等制度。

2.培养选拔

培养选拔就是将群众文化人才按照专业、能力等进行分类，并进行有针对性的培养；创新培养方式，采取形式多样的培训方法；通过实施公开选拔和竞争上岗等多种制度，大胆识别并积极培育具有群众文化素养的人才。

3.合理使用

合理使用即坚持以人为本，不断创新和改革用人机制。实行职业资格管理制度，实行全员聘用制和岗位管理制。杜绝官本位思想，应根据群众文化人才的特点，最大限度地用其所长，保证人尽其才；同时，应注意不断提高群众文化人才的政治、经济和社会地位。

4.科学评价

科学评价即建立社会公认的群众文化人才评价制度和以行业公认的业绩为衡量标准的人才考评机制。在对大众文化人才进行评估时，应该制定一个不受学历、职称、资历或身份限制的标准，并构建一个全面的人才评价体系，其中人才的贡献、业绩和能力应被当作主要的评价指标。

5.创新管理

创新管理意味着构建一个与社会主义市场经济和文化事业的快速发展与繁荣相匹配的人才培养机制和人事管理制度，建立群众文化人才的考评机制、用人机制和激励机制，建立群众文化专业技术人员职业资格证书制度。

二、群众文化队伍建设的新方法

（一）提供经费保障，推动配套基础设施完善化

制约群众文化队伍建设的一个主要因素是配套基础设施不完善，鉴于此，应积极优化经费体制，增强经费保障力度，定期购置和完善配套基础设施，为后续群众文化活动的有序开展奠定基础。在群众文化队伍建设中，要转变观念，因地制宜，充分了解不同区域实际情况，考虑区域经济发展程度和对文化队伍建设的重视程度，实现二者之间的平衡。因此，与时俱进、转变观念是首要问题，只有协调经济发展和文化建设之间的关系，才能为社会和谐发展做出更大的贡献。各级政府应加大经费投入力度，可以吸收更多社会资本，拓宽资金来源渠道，增强文化建设的可持续性。将基层文化服务项目纳入财政预算范畴，设立专项基金，专款专用，在原有基础上进一步加大文化产业扶持力度，对于基层文化企业适当地提供政策优惠支持。在基础设施建设方面，发挥基层文化站点的优势，对存在故障、老化的基础设施及时修整，如果发现随意占用文化活动场地的情况，要及时制止，便于文化设施发挥应有的作用。

（二）加强文化队伍建设，完善人才培养机制

为了提升群众文化活动成效，应重点加大群众文化队伍建设力度，因地制宜，结合区域具体情况组建一支高素质的基层群众文化队伍。这就需要积极优化人才吸收和培养机制，选拔更多高素质人才充实群众文化队伍。群众文化队伍建设需要大量优秀人才的支持，可以同高等院校建立合作关系，吸收更多专业化人才，完善人才培养机制。推行公开招聘，立足区域文化发展情况，制定合理的人才考核与评价制度，并通过良好的工作环境吸收更多优秀人才。充分发挥领导干部的模范带头作用，使其深入基层工作各环节，增强政治素养，并且通过文化队伍建设的方式来吸引更多民间艺人和文化能人参与其中，组织形式多样的群众文化活动，助力群众文化事业高质量发展。另外，目前我国的经济、文化快速发展，尤其是在文化建设领域，整合资源大力推动群众文化队伍建设不仅是为了丰富群众文化生活，提升文化素养，还是为了吸引更多人才投身于文化建设，推动我国的文化事业发展。

（三）合理安排人才规划，增加人才储备

要想更好地进行群众文化队伍建设，就要找出不同人才的优势，实现人力资源合理配置，人尽其才，最大程度上挖掘人才的潜能，以便赋予我国文化事业持久发展的内在动力。合理搭配人员，促使专业能力互补，知识结构优化，加强人员之间的沟通和联系，便于提升队伍整体水平，赋予人才自我提升和完善的动力。在群众文化队伍建设中，推行老带新模式，发挥老员工的经验优势，培养青年骨干，避免人才队伍青黄不接。基于此种方式，充实群众文化队伍，推动我国的文化产业繁荣发展。

充分调查区域群众文化活动开展情况，了解具体需要，有针对性地编制人才引进与培养计划。在组织群众文化活动中，根据专业需求有针对性地引进人才，源源不断地为群众文化队伍注入新鲜血液。在引进人才的基础上，还要充分了解社会环境变化情况，注重先进文化观念的引进，传递正确价值观。对引

进人才组织专业技能培训，根据需要来动态优化、完善培训内容，定期考核人员培训成果，及时优化改进，切实提升群众文化队伍建设成效。需要注意的是，无论是选择哪种人才引进方式，都应该重点考察人员是否可以发挥应有的作用，协调配合深入基层，同群众耐心沟通交流，组织形式多样、内涵深刻的文化建设活动。

（四）提升农民文化素质，壮大群众文化志愿者队伍

在把握群众文化工作开展方向基础上，正确看待农村基层群众的文化需求，摒弃传统的文化传播模式，重点围绕提升农民文化素养开展文化活动，这便于广大农民转变思想，正确认识群众文化建设的重要性，激发农民自觉开展群众文化活动的主观能动性。基于此，可以组建农村文化队伍，组织更具生活气息的文化活动，扩大宣传力度，培养更多优秀的文化骨干，营造良好的基层文化氛围，切实提升农民的文化水平。鼓励文化能人发挥带动作用，组织文艺活动，宣扬农村的文化特色，组织农民定期参与文化活动。

针对目前群众文化队伍薄弱的情况，在增加财政经费投入的同时，可以吸引志愿者参与其中，进而充实群众文化队伍。如文化爱好者，积极投身于其中，也可以依靠老同志，如离退休老干部以及老教师，共同参与群众文化活动组织和管理，挖掘人员潜能，打造一支高素质的群众文化队伍。

（五）提高领导干部的文化修养

在群众文化队伍的建设中，领导人员的文化修养对整个团队具有引领作用，并且只有在领导干部真正理解文化建设的内涵后，其才能有效地对基层工作人员加以教育。群众文化队伍建设过程中需要注意很多问题，并不是单纯将人员简单组合在一起即可，也并不是简单地对文化队伍加以扩大，而是要更加关注文化队伍建设的内在质量以及结构组合的优化程度，是否能够践行群众文化建设的理念，是否能够让群众文化的内容和形式更加丰富。只有不断开展各

种活动才能实现寓教于乐的目标，让群众队伍对群众文化的建设达成一种共识。另外，在群众文化队伍建设过程中还要不断发挥骨干和领导的作用，通过各种活动让群众文化中的时代精神和群众精神较好地展现出来，进而有效提高群众文化队伍的质量，提升群众文化队伍中的人员素质。

第五章　群众文化活动概述

第一节　群众文化活动的
内容与形式

群众文化活动的内容融合了群众文化活动的主体和客体两大要素。群众文化活动主要以文学和艺术为核心内容，不仅反映了社会生活的客观事实，还体现了参与者的思维过程和审美观点，实现了客观与主观的完美结合。群众文化活动中的文学和艺术内容，通常蕴含了特定的世界观、人生观、价值观等。此外，群众文化活动还包括一些纯粹的娱乐、健身、消遣活动，如业余体育活动、交谊舞等。

群众文化活动的形式，是指群众文化活动内容的表现方式。群众文化活动的形式可以分为外部和内部两大类。群众文化活动的形式是在长期的群众文化实践中逐渐丰富和发展的。

群众文化活动的内容与形式是辩证统一的关系。形式是基于内容而存在的，而内容则是通过形式来呈现的。两者都是以对方的存在作为前提条件。一定的形式总是根据内容的需要而产生，并为内容服务。群众文化活动涵盖了德育、智育、美育和体育等多个方面的内容，具有放松身心、宣传教育、知识普及和团结凝聚等功能。这些内容都有其特定的表现形式。

群众文化活动的形式虽然由内容所决定，但它又能给内容以积极的影响。与内容相匹配的形式可以使内容得到完整的呈现，进而实现最佳的活动效果。

如果内容和形式不匹配,内容的呈现就会受到阻碍,从而降低活动的实际效果。在长时间的群众文化实践中,人类逐渐形成并创新了自身的群众文化活动方式,而创新的活动方式进一步丰富和更新了活动的内容。

此外,群众文化活动在形式上具有一定的独立性,各种不同形式的群众文化活动能够传达相似的信息。

第二节　群众文化活动的
分类与特点

一、群众文化活动的分类

(一)根据活动内容划分

1.群众文学活动

群众文学活动主要涉及小说、诗歌等多种文学作品的创作,以及与这些创作相关的各种交流活动。民间文学的创作和传播活动是群众文化活动的核心,民间文学不仅涵盖了民间歌谣、长诗,还包括神话、传说、寓言等。

2.群众戏剧活动

戏剧是一种将诗歌、音乐、舞蹈、曲艺等多种艺术形式融合在一起的艺术。群众戏剧活动不仅涵盖面向大众的戏剧表演,还包括对专业戏剧表演的欣赏。

3.群众曲艺活动

群众曲艺活动具有多种形式和种类,包括快板、弹词、大鼓、琴书、评书和相声等,共有数百种不同的说唱活动。它通过具有表演性质的说唱来叙述故事、塑造角色、传达思想和情感，具有很强的地域特色。

4.群众音乐活动

群众音乐活动分为用人声演唱的声乐和用乐器演奏的器乐两大类，是一种用声音表达情感的听觉艺术活动。群众音乐活动历史悠久且种类繁多，不仅每个民族都有独具特色的群众音乐活动，而且这种音乐具有不经翻译即可为不同国家、不同民族的群众所欣赏的特性。

5.群众舞蹈活动

群众舞蹈活动是一种历史悠久且形式多样的群众文化活动，群众舞蹈有社交舞蹈、礼仪舞蹈等多个类型，具有动作、形态、节奏的直观性。

6.群众美术活动

群众美术活动通常被称为造型艺术、空间艺术、视觉艺术，涉及绘画、雕塑、书法等多个艺术领域。泥塑或陶制各种玩具、剪纸、风筝制作、集邮等都属于群众美术活动。

7.群众游艺活动

群众游艺活动是包含游戏、杂技等在内的一种益智性、娱乐性活动，包括棋类、牌类、儿童游戏等。虽然群众游艺活动的具体活动数量难以计数，但大体可划分为益智性与娱乐性两大类。随着科技的不断发展，现代化的电、光、声音和机械控制的游艺活动渗透到了大众的文化生活中，这使游艺活动的种类也变得更加丰富。

8.群众体育活动

群众体育活动是指基层群众自发开展的体育活动。民间体育活动有武术、荡秋千、赛龙舟、跳皮筋、踢毽子等；新兴的群众体育项目同国家的专业体育项目差不多，能进入国家或国际性比赛的项目，大多数可在业余进行。群众体育活动以自我娱乐、健身为主要目的。

（二）根据活动形式划分

1.创作活动

群众文艺创作活动是一种以满足个体精神需要为出发点的群众文化活动，它是一种自我实现的活动。从文艺创作的多个领域来看，专业文艺家所涉及的文学、音乐、戏剧等多个门类，都属于群众文艺创作的范畴。而且，许多民间文艺门类是专业文艺家通常不会涉足的，这就形成了群众文艺创作的独特领域。除此之外，群众文艺的创作活动也包括以口头形式进行的民间文学创作。

2.表演活动

群众表演活动是一种将自我娱乐和自我表达完美结合的活动形式，它既是对戏曲、曲艺等文艺作品的有创意的表达，也是一种在公共场合进行的娱乐活动。在表演活动中，表演者和观众之间通常存在着某种紧密的社交关系。

3.展览活动

群众展览活动是一种展示个人创造性的活动形式，它是将绘画、摄影等静态文艺作品展现给观赏者的活动。作为群众文化活动中的一种特殊形式，展览活动是一种具有社会宣传和教育意义的活动。

4.观赏活动

观赏活动也是一种对他人提供的群众文化产品进行消费的活动。观赏活动包括观看电影、录像、展览和文艺演出等。

5.阅读活动

阅读活动与观赏活动有许多相似之处，主要是活动参与者对他人的文艺创作的消费，但区别在于，阅读活动的主要消费对象是图书、报纸等多种媒介提供的阅读材料。阅读活动既可以由个体在不同的时间和空间中进行，也可以由集体在特定的时空背景下进行。

6.培训活动

培训活动是指为了提升个人的思想文化水平和专业技能，群众自愿参与社会组织的各种讲座、培训和补习等多种形式的活动。培训活动包括文化艺术各个领域的培训和学习活动。这种类型的活动具有集体性的特点。

7.健身活动

健身活动主要是以提升智力和增强体质为核心目标的文化活动。这种类型的活动通常在提升智力和技艺方面具有独特优势，但这些活动通常缺乏深刻的思想内涵。

（三）根据群众活动属性划分

基于活动参与者在活动中所扮演的不同角色和地位，群众文化活动大致可以分为接受性和表现性两大类。例如，阅读活动、观赏活动、培训活动等属于主体接受性活动；创作活动、表演活动、展览活动、健身活动等属于主体表现性活动。

接受性的群众文化活动是一种以输入性为核心的活动，其目的是从活动的对象中寻求愉悦和审美的享受。这是一种通过活动对象来理解客观世界的行为。表现性的群众文化活动主要是个体的输出活动，其目的是通过创作文艺作品、塑造艺术形象、展示文化艺术成果来表达个人的思想、情感和价值观。

接受性和表现性两大类群众文化活动是紧密地联系在一起的。有些活动中主体的接受角色和表现角色可能会反复变换；有些活动可能同时具有接受和表现两种性质。

二、群众文化活动的特点

特点，是指事物所具有的独到之处。群众文化活动在总体上具有独特性，这主要体现在空间的广泛性和时间的闲暇性、目的的功利性和效果的双向性、内容的丰富性和形式的多样性上。

（一）空间的广泛性和时间的闲暇性

群众文化活动在空间维度上具有广泛性。无论哪个国家或民族，他们的民众都参与了特定的文化活动。这种大规模的文化活动涉及人类生活的方方面面。

群众文化活动在空间上的广泛性还体现在其覆盖范围广泛。人类社会的各种活动，如经济、政治、教育、科学研究等，几乎都与大众的文化活动紧密相连。换句话说，群众文化活动覆盖了社会活动的多个维度和方面。群众文化活动的广泛性不仅决定了其内容和形式的多样性和丰富性，还影响了其具体的实施方式。

群众文化活动在时间上具有闲暇性。闲暇时间，即除劳动生产活动以外的自由支配的时间，也就是人民群众用于娱乐和休息的时间。这种用于娱乐和休息的时间，使群众文化活动的开展成为可能，从而也使群众文化活动具有文化行为时间上的闲暇性。

闲暇时间是人们日常生活中不可或缺的一部分，人们对闲暇时间的自由使用也是其参与群众文化活动的必要条件。特别是在工业化和城市化发展程度较高的社会中，它更为人们所关注。群众文化活动时间的闲暇性，又决定了群众文化活动具有突出的随意性。

在群众文化活动中，主体可以比较随意地选择活动的内容，随着社会进步，人们将拥有更多的休闲时间，因此，对这些休闲文化活动的管理和引导变得尤为关键。

除此之外，在劳动生产中也存在一些文化活动，比如茶农采茶时唱山歌，驾驶员行车时听音乐等。这种劳动生产过程中的文化活动，处于从属的地位，其内容和形式直接受劳动生产方式的制约。它充当了缓解疲惫和提振精神的"辅助工具"，是一种不会干扰劳动生产，而是直接为劳动生产提供服务的文化活动。从这种意义上看，相对于劳动生产而言，它也具有闲暇性。

（二）目的的功利性和效果的双向性

群众文化活动的目的具有功利性，这有两种不同的理解：一是群众文化活动的功利性目标，二是其功利性的评价标准。群众文化活动的功利性，即主体希望通过参与文化活动来获得某种程度的有效性和经济利益。从群众文化活动的历史发展来看，每一次的群众文化活动都与该民族或地区的历史进程和人们的日常生活紧密相连，因此，群众文化活动带有一种明确的利益导向。

各个历史时期的统治者都将群众文化活动作为维护其统治地位的重要手段。对广大人民群众而言，参与文化活动时，他们都会自觉地确定娱乐审美、提升文化修养、休闲放松等多重目的。群众文化活动所追求的功利性具有广泛的社会意义，每个人都是基于精神需求和特定的目标来参加群众文化活动的。

考虑到这一点，人们自然而然地将功利主义标准作为评估群众文化活动效果的基础准则。在伦理领域，功利主义认为，如果某一行为能有效地提升幸福感，那么这样的行为就是对的。人们参与群众文化活动的核心目标便是追求真正的幸福。在追求这种幸福的过程中，我们必须确保不对他人和整个社会造成伤害。将个人和社会的实际需求或利益结合起来，作为群众文化活动的行为标准，这正是群众文化活动功利性的一个突出表现。

通常而言，任何内容健康的群众文化活动都会带来积极的影响，也就是所谓的正效应；内容不健康的群众文化活动会导致负面影响，也就是所谓的负效应。

由于群众文化活动效应的双向性，活动主体要想实现功利目的，还必须在活动中掌握一定的"度"。相关文化部门不仅需要直接限制群众文化活动负效应的产生，还必须致力于人民群众思想文化素质的提高，健康的生活情趣和审美意识的培养，使群众文化活动的功能得到更好的发挥。

（三）内容的丰富性和形式的多样性

群众文化活动内容的多样性体现在其种类之多上。其中，民间的大众文艺活动显然构成了人们日常文化生活的一部分。专业的文学家和艺术家在创作文艺作品时，无疑会通过各种不同的方式和途径，深入人民群众的文化生活。所有这些文学和艺术作品所能呈现的实际生活情境，共同构成了群众文化的核心要素。这种融合了客观社会生活和文艺创作者的个人情感的文学艺术形式，蕴含了特定的思想内涵。

群众文化活动内容丰富性的成因，可以从两方面去探讨。一方面是群众文化需求的多样性。从社会学的意义上说，人具有自然属性和社会属性，是两者的统一体。社会性的获得不是生来就有的，而是需要经过一个社会化的过程。一个人要从一个全新的生命体转变为社会中的一员，他就必须了解特定的生活技巧、社会规范、社会角色标准以及生活目标。这些都可表现为其对群众文化的需求。从心理学的意义上说，人在生理方面有劳动需要、健康需要、安全需要、繁衍需要等，以及它们派生出来的其他具体需要；在心理方面有审美需要、学习需要、娱乐需要、交往需要、创造和自我表现需要等，这些也都可以表现为群众文化的需求。这种生理的、心理的群众文化需求的多样性是显而易见的。而要满足其多样性的群众文化需求，群众文化活动内容就必须是丰富多样的。

群众文化活动在其内容上几乎涉及人类文化需求的所有方面，各种形态的社会客观现实生活，都可以直接或间接地在群众文化活动中得以表现。人们通过各种群众文化活动，可以在一定程度上直接或间接地满足自身的文化需求。

内容广泛的群众文化活动可以使生活在各种社会环境中的人民群众的文化需求获得一定的满足。人的生理性和心理性文化需求的差异性是很大的，不同的年龄、职业、文化艺术修养、思想素质等的人们有着各不相同的文化需求。而内容丰富并具有娱乐性、普及性特点的群众文化活动，能够在一定程度上满足人们的各种文化需求。

上述论证表明，从本质上讲，群众文化的普及性与其功能性的完美融合，使得群众文化活动的内容更为丰富和多样。

群众文化活动的形式多样性，意味着群众文化的内容和展现方式具有多种多样的特色。它不仅涵盖了各种群众文化活动和文化艺术形式，还包括群众文化产品的内容组织结构和外在表现方式。

群众文化活动的形式之所以具有多样性，是由它自身的本质和发展规律所决定的。

第一，群众文化活动的内容对形式具有决定作用。群众文化活动涉及各个方面的内容，这些内容都有与之相适应的存在方式和表现形态。

第二，群众文化活动的形式具有相对稳定性。群众文化活动形式的不同是因为它们各有其特殊规律和形式美的法则，具有相对独立性。所以，在群众文化的发展过程中，新的内容产生而新的形式并不一定随之产生，旧的形式也并不一定立即消失。往往是"旧瓶装新酒"，以旧形式去服务新内容。但是，新形式的产生也不是以旧形式的消失为条件的，往往新旧并存。这样，群众文化活动的形式便不断得以积累、增多而变得丰富多样。

第三，社会因素的催发。一切群众文化活动形式都是一定的历史条件和现实条件的产物。具体地说，每一种群众文化活动形式的形成，都与一定的政治、经济、地域、民族、风俗、信仰等构成的生态环境有着直接或间接的联系。这些因素共同催发了群众文化活动形式的革新和演变。在现代社会，科学技术的不断进步，对群众文化活动的发展更具有显著的促进作用。

第四，主体因素的催发。从群众文化活动主体来看，人们的年龄、职业、文化素养、经济条件、风俗习惯等方面的差异，客观地要求群众文化形式的多样化。而主体素质的提高则是群众文化活动形式多样化的根本因素。随着社会物质和精神层面的进步，人们在文化素养、兴趣爱好、审美鉴赏和情感思考等方面都在不断发展与变化，由此而带来的群众文化需求和群众文化活动内容的变化，也相应地决定了群众文化活动形式的多样性。

第三节　群众文化活动的驱动力

在远古时代，群众文化并不是作为一种独立的文化形态出现的，它的产生同物质生产活动紧密地交织在一起。随着人类物质生活水平的持续提高和人们精神需求的不断增加，群众文化在形式和内容上逐步展现出相对独立性，群众文化活动也逐步变成了人们精神生活中不可或缺的一部分。在这一历史演变过程中，人作为群众文化活动的核心参与者，其精神需求成为推动群众文化活动产生的关键驱动力。群众文化之所以展现出多种多样的面貌，其核心原因在于各种驱动力的作用。

一、群众文化活动系统的驱动

群众文化活动可以被定义为主体基于其精神需求进行的一系列文化活动，这些活动在某种程度上反映了主体在社会中的实际行为。群众文化活动在人类社会中是一种复杂的社会现象，它并不是孤立存在的，而是与社会上的其他事物存在广泛的联系。它不仅是社会大系统的一个有机组成部分，还作为一个具有自身动力机制的相对独立的系统而存在。

具体来说，群众文化活动系统包括条件系统、动机系统、行为系统和信息反馈系统。条件系统包括主体的生理素质、活动的客体因素、时空情况和社会环境等，它们是形成主体精神需要、活动动机和行为的必要条件。动机系统包括受社会和主体的调控力量影响所形成的群众文化需要、活动动机、活动兴趣等。行为系统包括群众文化活动开展过程中方式、技巧、经验的选用等。信息反馈系统是将活动结果情况反映给前面各子系统，这会对其他子系统产生一定影响。

二、群众文化需要的推动

需要，是生理的和社会的要求在人脑中的反映。群众文化需要是指人对精神文化的一种心理需求。任何真正符合参与者愿望的群众文化活动都是在活动主体自身特定的精神文化需求的推动下产生的。

群众文化需要是在特定的社会历史背景下，在社会生活中逐渐形成的。群众文化需要的特点为：一是群众文化需要具有一定的稳定性。随着社会主体逐渐走向社会化，以及人们理想、信仰的明确和世界观的逐步形成，群众文化的需要在总体方向上会逐渐变得相对稳定，并且不容易受到外界因素的干扰。二是群众文化需要具有多层次性。即使是处在同一历史阶段的人们，其生存的社会环境也不尽相同，由于物质条件、文化艺术素养、社会化程度等因素的制约，会使人们有不同的群众文化需要。

总之，群众文化需要的相对稳定性和多层次性表明，其无论在何时何地和对于何人，都是群众文化活动的推动力。

三、动机的形成条件、特点和兴趣的中介作用

群众文化需要未必都能成为群众文化活动的动机，并推动主体去开展群众文化活动。变需要为动机有一定的条件。首先，作为内在条件的主体心理需要，必须得达到一定的内驱力强度。其次，主体要有与其需要相适应的群众文化活动能力。能力是多方面心理特征的综合，任何群众文化活动都以主体具有一定的能力为条件。群众文化活动能力的有无和差异必然会在动机中表现出来，一定的群众文化需要总是在其能力的范围内形成动机。最后，要有与主体群众文化需要和能力相适应的文化活动对象及环境。文化活动对象即由一定的形式和内容有机构成的群众文化活动客体。任何群众文化活动都是对象性活动，必须

指向一定的客体，通过与客体的结合达到满足主体需求的目的。显然，没有活动对象就不可能有对象性的活动，自然也就无所谓活动的动机。

在特定的条件下，群众文化活动的动机可以从需求转变为动力。首先，这种动力不仅可以促进文化活动的产生，还能为其提供从开始到结束所需的持续动力，包括初始动力和后续动力。这种动力的强度差异直接决定了群众文化活动的质量。其次，它还具有调节性，群众文化活动是一种情感性的活动，容易受到来自外部和主体内部的各种因素的影响，群众文化活动的动机在其中起到抵制其他活动动机和暂时排除其他干扰的作用，从而保证文化活动的进行。

然而，从动机环节进入具体群众文化行为环节，还要以主体的兴趣为中介。群众文化兴趣是指个体对群众文化带有情绪色彩的倾向性。由它指向不同形式的群众文化活动，由它决定什么样的群众文化活动客体对主体具有吸引力。

在特定的社会和历史背景下，群众的文化兴趣在群众文化活动的实践中逐渐形成。群众的文化活动兴趣，将基于求知、审美、社交和情感等动机的群众文化活动对象进行了整合，并指向了不同的形式和内容，从而形成了独特的文化活动行为。

第四节　群众文化活动的意义

文化是一个国家和民族精神的历史延续，优秀的传统文化是一个国家和民族的文化在精神层面的集中体现。群众文化活动的时代价值，在于传承我国优秀传统文化，坚定文化自信，展示我国的文化软实力。当前随着我国社会文明程度的提高，群众文化发展迎来了新的机遇，也被赋予了新的时代内涵。尤其是在"十四五"背景下，文化强国战略深入推进，广大群众对美好生活的需求日益增强，信息技术对群众文化活动赋能作用越来越大，这些都为现代群众文化活动创新发展提供了动力。我们应充分把握社会文化发展走向，顺势而为，探讨推进群众文化活动创新发展的新思路、新举措。

一、开展群众文化活动有助于弘扬社会主义核心价值观

群众文化活动是广大群众喜闻乐见的重要文化形式，集中展现了群众的文化气质、精神风貌和审美心理。积极推动群众文化活动创新发展，对弘扬社会主义核心价值观、构筑人民共同的精神家园具有重要意义。一方面，实现群众文化活动创新发展，能够让群众在喜闻乐见的文艺形式中，更好地理解社会主义核心价值观的内容、目标、价值等，从而激励群众的奋斗热情和自强意识，这对强化中华民族凝聚力具有重要意义。另一方面，开展群众文化活动，以文艺的形式对中国共产党带领全国人民奋斗的历程进行回望，能够夯实群众团结奋斗的思想基础，对加强社会稳定具有促进作用。

二、开展群众文化活动是满足人民美好生活需要的途径

开展群众文化活动，能有效满足群众的美好生活需要。在经济迅猛发展的当下，广大群众更加关注精神满足，群众文化活动在较大程度上帮助群众实现了这一愿望。比如"市民文化节""青工文化节""乡村春晚"等各种各样的群众文化活动不断出现，让人们感受到其乐融融的乡村文化空间和积极健康的精神风貌。在互联网技术不断发展的背景下，群众文化活动不仅可以借助线下实体场景来举办，还可以运用网络直播、录播等方式进行线上宣传，这极大地拓展了群众文化活动的空间，也让群众从中感受到文化获得感和精神放松感。

三、开展群众文化活动是坚定文化自信的有力手段

文化是民族精神的延续，优秀传统文化凝聚了群众的文化共识，对社会长远发展具有重要作用。其中，群众文化活动是优秀传统文化的现代化表达，蕴含着丰富的文化特色和时代价值，对坚定文化自信具有重要作用。群众文化活动不仅能够满足大众的精神文化需求，同时也广泛凝聚了群众的精神力量，能向社会和世界展现出中华文化独有的魅力，这是我国文化软实力的重要体现。因此，实现群众文化活动创新发展，对推进中华优秀传统文化的创造性转化、创新性发展具有重要作用，是增强群众历史使命感、提升文化自信的重要砝码。总之，弘扬社会主义核心价值观，凝聚中华民族奋斗精神，在全面建设社会主义现代化国家新征程、实现中华民族伟大复兴的道路上，展现文化的凝聚力，展示文化的软实力，便是群众文化活动的时代价值和意义所在。

第五节　建立和完善与群众文化活动
高质量发展相适应的机制

一、建立和完善与群众文化活动高质量发展相适应的需求反馈机制

需求反馈机制是指在群众文化活动供给方和公众之间，建立一个双向互动的信息流动和反馈系统，用以获取和传播群众文化活动的需求信息，实现群众文化活动与公众需求的有效对接。

（一）建立和完善文化需求表达机制

各级文化部门必须树立服务理念，建立群众文化需求表达机制。一是要拓宽反馈途径，通过在相关网站设立电子邮箱、开通留言反馈功能等方式，使群众的文化需求信息能够便捷、高效地传递；二是要调动社会组织，特别是文化类社会组织、群众文化社团的积极性，利用便捷的信息渠道，反映群众心声，了解他们的文化诉求。相关文化部门要对群众反馈的文化需求信息及时做出回应，以形成文化需求表达的良性互动。

（二）建立和完善文化活动点单机制和订单机制

公共文化服务必须保障群众的知情权，推出"点单式"服务、"订单式"服务。"点单式"服务是让基层群众从文化馆等政府文化服务机构提供的"服务菜单"中，自主选择文化活动的形式和内容；"订单式"服务则是文化馆等政府文化服务机构根据基层群众的文化需求，开展精准的文化服务活动。文化活动的点单机制和订单机制，有利于实现群众文化活动与公众文化需求的精准对接，提高人民群众的文化获得感和满意度。

（三）建立和完善文化需求调研机制

各级政府文化服务机构要通过开展基层调研、召开座谈会、进行网络调查等多种形式，了解新时代群众个性化、多样化的文化需求；要善于发现问题，了解群众的文化新期待；要以需求为导向，不断对群众文化活动进行创新、升级，形成深受群众喜爱的文化活动品牌。

（四）建立和完善文化需求研究机制

各级政府文化服务机构要及时收集信息、定期分析信息，通过对群众的文化需求进行分析研究，掌握群众文化需求的新动向，优化文化资源配置；要对群众的反馈信息进行及时、有效和公平的处理，既要关注基层群众共性的需求，又要满足不同群体多样化的文化需求。

二、建立和完善与群众文化活动高质量发展相适应的社会参与机制

群众文化服务社会化是时代发展的必然趋势，也是各级政府文化服务机构面临的崭新课题。政府文化服务机构在充分发挥群众文化服务主体作用的同时，要引导社会力量参与群众文化服务，为人民群众提供多样化、高质量的文化活动。

（一）建立和完善文化活动项目采购机制

推动群众文化服务社会化参与，必须在群众文化服务领域建立政府向社会力量购买群众文化服务的机制，鼓励和引导社会力量参与群众文化服务，调动各种市场主体、文化类社会组织的积极性，实现群众文化活动供给主体、供给方式的多元化。

（二）建立和完善社会主体文化参与机制

要进一步深化政府主导、社会参与、群众受益的文化活动组织机制，由文化馆等政府文化部门搭建文化节等活动平台，鼓励各类社会主体参与，不断探索群众文化活动社会化参与、项目化运作、品牌化发展的新路径。要探索群众文化活动的社会力量组织申报机制，完善多元主体参与群众文化服务的机制，促进群众文化活动举办主体和活动方式的多元化。

（三）建立和完善文化志愿服务参与机制

各级政府文化服务机构要建立文化志愿者培训机制、管理机制、激励表彰机制、服务保障机制、服务活动参与机制，发挥文化志愿组织的积极性和创造性，不断优化文化资源配置，优化文化服务供给，策划开展主题鲜明、富有特色、群众喜闻乐见的文化志愿服务活动。

（四）建立和完善各类媒体平台的参与机制

要想扩大群众文化活动的覆盖面，各级政府文化服务机构既要重视与报纸、电视等传统媒体的合作，也要重视与新媒体平台的合作。要探索群众文化活动的媒体平台合作参与机制，尤其是要探索与新媒体平台的合作机制，以扩大群众文化活动的社会影响力。

三、建立和完善与群众文化活动高质量发展相适应的管理协调机制

实现群众文化活动高质量发展，应该建立和完善群众文化活动管理协调机制，增强群众文化活动的社会影响力。

（一）建立和完善管理机制

要建立有利于群众文化活动高质量发展的考核评价机制，以鼓励文化服务创新、提高群众文化服务效能为导向，激发专业人员的文化创造力，策划开展具有时代性、创新性的群众文化活动。要加强群众文化活动的过程管理，完善群众文化活动的安全管理机制。

（二）建立和完善协调机制

1.建立和完善重大主题性群众文化活动的全国联动协调机制

要建立联动机制，加强统筹协调，整合行业力量，明确职能分工，优化实施流程，扩大社会影响。例如，策划组织全国性的群众文化活动，展示党的百年光辉历程，讴歌在党的领导下中华民族从站起来、富起来到强起来的历史征程。

2.建立和完善"乡村春晚"、全民广场舞、群众歌咏等活动的全国联动协调机制

要在全国范围内建立和完善"乡村春晚"、全民广场舞、群众歌咏等群众文化活动的联动协调机制。完善全国性群众文化活动领导、组织、执行、评估、激励等方面的机制，实现群众文化体系内组织的高效运作，确保群众性文化活动全国"一盘棋"，突出主题，协调各方，充分展示我国群众文化的蓬勃生命力。

四、建立和完善与群众文化活动高质量发展相适应的文化共享机制

当前，在推进群众文化活动开放共享的过程中，各级政府文化服务机构要建立和完善与移动互联网时代群众文化活动高质量发展相适应的文化共享机制。这就需要建立和完善优秀群众文化活动直播联动机制，利用各省、市服务机构的数字服务平台，遴选和整合各地的优秀群众文化活动直播资源，构建运行通畅、合作共享的直播体系。既要构建纵向的直播组织体系，又要构建各省、市文化服务机构之间的直播联盟，以实现优势互补、资源互通，发挥各地文化服务机构的传播优势，促进各地群众文化活动共享。

五、建立和完善与群众文化活动高质量发展相适应的激励推广机制

要建立和完善群众文化活动激励推广机制，推动各地群众文化活动的项目化运行、品牌化发展，催生一批群众文化活动品牌，推动群众文化活动创新发展。

（一）建立和完善激励机制

广泛深入开展群众文化活动，不断满足人民群众对文化多样化、品质化的需求，必须提升群众文化服务水平，大力建设群众文化活动品牌。

一方面，要建立优秀群众文化活动品牌表彰机制。遴选和表彰一批具有时代特征、地域特色的群众文化活动品牌，以便在系统内起到示范和引领作用，在社会上扩大群众文化活动的知名度。

另一方面，要建立文化和旅游志愿服务项目比赛机制。各级文化和旅游志愿服务项目比赛，既是各地文化志愿服务建设最新成果的交流平台，也是引领文化志愿服务创新发展的引擎。可通过项目比赛，孵化出一批文化志愿服务活动品牌。

（二）建立和完善推广机制

建立和完善群众文化活动品牌推广机制，是推动群众文化活动高质量发展的有效措施。

第一，建立年度推广机制。发布全国群众文化活动年度十佳，分享群众文化活动品牌的典型经验，结合业内专家的点评和主旨演讲，加深文化行业对群众文化活动品牌的深刻理解，指导各地群众文化活动品牌的建设实践。

第二，建立现场会推广机制。遴选具有创新性、引领性的群众文化活动品

牌，以现场宣讲会的形式进行创新经验推广，使与会者切身感受当地群众文化活动品牌的魅力。

第三，利用出版物进行推广。总结提炼群众文化活动品牌特色与创新亮点，编写、出版收录群众文化活动品牌案例的图书、期刊等，推广群众文化活动品牌的创新实践。

第四，建立和完善线上线下相结合的推广机制。这样有助于扩大群众文化活动的辐射范围，降低群众文化服务成本，提高群众文化服务效能。

总之，各级政府文化服务机构要建立和完善群众文化活动品牌推广机制，根据自身的文化资源和文化优势策划开展有特色、有创意的群众文化活动，推动群众文化在新时代蓬勃发展。

第六章　群众文化活动的组织实施

第一节　我国群众文化活动
组织实施的原则与策略

开展群众文化活动是满足人民群众日益增长的文化需要、提高全民族文化素养的重要手段。群众文化活动的开展，主要有自发组织和政府组织两种类型：自发组织的群众文化活动的形式层出不穷，随处可见，如群众在公园、社区广场开展的广场舞活动；政府组织的群众文化活动主要是由文化馆组织策划并开展的活动。

一、我国群众文化活动组织实施的原则

（一）群众性

群众性是群众文化活动组织实施的重要原则，要求策划群众文化活动时必须充分了解活动的目的和受众，必须有非常明确的定位。开展基层群众文化活动的目的就是将优秀的文化带到群众身边，普惠基层群众。群众文化活动可以在广场、公园、音乐厅、剧院举办，音乐厅、剧院的文化演出也可以深入广场与公园，但要根据受众和演出环境进行适当的调整。

群众文化活动并不需要追求规模或者场面，但是内涵和影响力不容忽视。

同时，它和一切文艺活动一样，需要制定策划方案。策划者要从群众的角度出发，以实际情况为前提，考虑活动目的、场地环境、节目资源、人力成本、完成度及后期执行可行性等多个方面的内容，进行合理策划。

群众的参与度是群众文化活动的基础。群众参与可以分为体验式和观赏式两种。体验式是让群众亲自参与活动，并认识到活动的意义。体验式通常适用于技术类、展示类活动，如各类"非遗"技艺展演等。群众文化活动应重展示、轻比赛，活动的主要目的是全民共享而非优胜劣汰。要选择当下热门、有一定普及度且能增强社会效应的项目进行展示、展演，可让群众在活动中切磋技艺，分享经验。观赏式群众文化活动的基本模式就是策划者将所有作品放在指定的观赏区域或者舞台，群众作为观众参与，通过眼观耳闻去感受作品的魅力，如文艺演出、书画作品展览等。群众参与度高的项目会激发群众的热情，有可能激发有兴趣的群众去模仿学习，最终寓教于乐，提高全民文化素养。

（二）公益性

群众文化活动是公共文化服务体系的重要组成部分。群众文化活动大多以政府为主导，由负责群众文化的部门，如文化馆、基层综合文化服务中心等具体实施。公益性是群众文化活动的发展方向，组织群众文化活动的目的是满足人民群众的文化需求，弘扬先进文化，普及文艺知识，从而优化人文环境，提高人们的文化自信。组织实施群众文化活动的目的是提升人们的精神境界，让人们在工作之余能够放松身心，并且潜移默化地培养人们正确的价值取向、理想信念、道德情操。

例如，厦门市思明区组织市民文化艺术节，用近五个月的时间，在辖区的商业广场、社区、公园开展文化活动，举办了游园会、广场舞会、广场大家唱等活动，并在闭幕式上展演优秀作品。这种开放式的文化活动，吸引了全民共同参与，丰富了群众的精神文化生活，让群众在家门口就能享受到"文化大餐"。这种由政府主导的群众文化活动每年变换一个主题，既能弘扬时代主旋律，又能彰显城市文化。

（三）有创意

群众文化活动大多数采用接地气的活动方式，观看群体多为附近居民。由于是群众自发自觉地参与和观看，所以活动在群众中十分受欢迎。越是基础的文化活动就越需要有创意，千篇一律只会使文化活动失去艺术魅力。

第一，活动组织上需要有创意。随着科技的进步，网络成为人们生活必不可少的一部分，群众文化活动组织也从传统的线下向线上进军。由于线上的自由性和时效性，要想第一时间抓住观众的心，使其进入线上直播间或者报名参加活动，既需要在宣传上下功夫，也需要在氛围布置和拍摄角度上与众不同。

第二，创意需要与本地文化相融合。人文环境的不同必将形成艺术差异，例如，北方曲艺多情感热烈，秦腔干脆就用"吼"，一曲京韵大鼓唱出一股英雄豪气；南方曲艺则一唱三叹、抑扬顿挫，南音、评弹咿咿呀呀，婉转凄恻。创意是为了使活动更加引人入胜，归根结底还是要以人为本，所以了解当地文化和受众群体是对群众文化活动进行创新的基础。

第三，活动的节目质量是活动受欢迎的基础。群众文化活动不可能每次都邀请明星，更多的是来自民间、社团的节目，要将这些不同的节目"串"在一起，就需要创意。例如，厦门市思明区组织的一场以"红色的畅想"为主题的群众文化活动，策划重点是观众与表演者的互动，最终带动舞台表演与群众方阵表演相结合，成功实现了吸引群众参与文化活动的目的。活动场地安排在厦门市白鹭洲下沉式广场，圆形设计的主舞台为中央表演区域，场地四面环形台阶即为观众席。活动邀请专业舞蹈团、专业歌手在主舞台演出，同时安排近500名社区文艺骨干在观众席配合中心舞台表演，带动群众参与整场节目。这场活动中没有真正意义上的观众，在场的所有人都是这场活动的演员。现场通过侧屏、地屏、灯光等声光技术将群众的视觉、听觉完美融合，打造出了多维立体空间，营造出了群众大联欢的氛围。

二、我国群众文化活动组织实施的策略

让群众得到更加丰富的活动体验，提高群众满意度，是新时代对群众文化活动的组织与策划提出的新要求。新时代群众文化活动组织实施的策略有以下三个。

（一）抓住"节"点，增强群众获得感

每到节日，群众都希望有一些喜闻乐见的文化活动来增添节日氛围，丰富节日生活。在传统节日开展群众文化活动可以满足大众的需求。例如，在新年开展写春联、贴窗花的民俗活动；在端午节组织包粽子、划龙舟比赛等活动；在七夕开展结姻缘、做女红等趣味活动……在中国传统节日，结合当地过节习俗策划相应的"非遗"体验活动，引导群众融入其中去体验本土特色文化，既能营造良好的节日氛围，又能增强群众获得感。

中国传统节日凝结着中华民族精神和民族情感，承载着中华民族的文化血脉和思想精华，是维系国家统一、民族团结与社会和谐的重要精神纽带，特别能引起大家的共鸣。在策划相关活动时，工作人员可以通过"专家讲节日"，挖掘优秀传统文化的意义，也可以将优秀传统文化与新时代的文艺表现形式相结合，设置互动体验或者重温传统等环节，增强节日的仪式感，在传承传统的同时注入新时代的精神内涵。这样的群众文化活动有助于引导人们深入了解传统节日和传统文化，做传统节日和传统文化的守护者。

（二）形式多样，提升群众参与感

新时代群众文化活动既注重满足群众多样化的文化需求，又支持多样化文化的参与和发展。但多样化并不是自由化，群众文化活动的多样化要有鲜明的导向性，必须是健康有益的文化形式，是以新时代社会主义核心价值观、道德观、审美观为准绳的。

随着网络媒体的发展，线下活动＋线上参与已经成为当下活动开展的新趋势。线上活动参与者多、关注度高，策划者一定要结合线上线下进行组织。例如，前期可以通过关键词、标题、醒目字眼进行造势宣传，扩大活动的影响力，让群众在活动前就有所期待，让更多人了解到这个活动；可以通过投票、问卷等方式让群众了解活动的走向；也可以通过线上抽奖、闯关等环节提升活动热度，增强群众参与的积极性。

例如，厦门市思明区的文化品牌项目"海峡两岸郑成功文化节"于2009年首次举办，截至2023年已举办14届。以往，其线下活动集中在祭奠、文艺演出等方面，受众群体主要是海峡两岸的群众。活动形式的固定化与受众群体的地域和文化局限，使得文化节覆盖的人群类型单一，宣传范围和效果都无法进一步扩大。2019年，郑成功文化节增加了打卡、研学、展示等线上活动。2020年，海峡两岸的观众通过互联网实现了云端相聚。此外，海峡两岸郑成功文化节还通过微信小程序增加活动参与人数、拓展活动覆盖面，通过语音讲解、答题抽奖等形式增强观众的互动性。

（三）结合产品，增强后续宣传力

在策划群众文化活动时，可以根据相关活动设计一些产品，这些产品在活动结束后可以起到二次宣传的作用。例如，厦门市思明区的原创广场舞项目，不仅有自己的活动标识，还将标识印制在丝巾上，或制成小挂件等发给参与活动的人们；郑成功文化节组织者制作了成功文化盒，礼盒内容包括折扇、明信片、口罩等，既实现了群众文化活动的延伸，也扩大了活动的影响力。

这些活动周边产品承载着活动的主题，在群众中的流通，加深了群众对活动的认识和了解，还可以提高活动的知名度。具有文化传承性的群众文化活动也可尝试向产业化转型，如一些传统的"非遗"项目在群众文化活动中得以推广、发展，并由此转向产业化，既彰显了"非遗"项目的文化价值、社会价值，又可以使"非遗"项目得到保护。

群众文化活动的策划与组织需要符合新时代的主旋律和价值观,满足人民群众的精神期待。组织好群众文化活动不但可以丰富广大群众的精神文化生活,而且可以提升城市发展的软实力。

第二节　晚会的组织实施

一、歌舞晚会的组织实施

随着社会主义精神文明建设的不断深入,社区、乡镇文化的兴旺,各个群众业余合唱队、舞蹈队、乐队及各类业余小剧团经过频繁活动和训练,专业表演水平不断提高,各种艺术节目也不断涌现出来,形成了良好的艺术氛围,也催生了举行一定规模的业余综合艺术演出的需求。歌舞晚会就是满足这种需求的较适合的群众文艺演出形式之一。

（一）歌舞晚会的主要表演形式

1.音乐表演形式

音乐表演形式有声乐和器乐两大类。

（1）声乐

声乐形式有大、小合唱,男声和女声分别都有小组唱、重唱、独唱,还有男女重唱、小合唱、表演唱等。根据歌唱的发声方法及演唱风格的不同,声乐唱法可以分为民族唱法、美声唱法、通俗唱法等。根据歌唱者的性别及其声音的音域、音质的不同,声乐的声音可以分为男女声部的高、中、低音,称男高音、女中音、男低音等。

（2）器乐

器乐形式则更为丰富，根据表演形式、乐器的发声方式、乐器的结构、乐队的组织形式和演奏风格等的不同，可以进行多种分类。常见的有西洋管弦乐演奏、民族管弦乐演奏、通俗音乐演奏，以及各种乐器的独奏、小合奏、重奏、齐奏、协奏等。

在实际演出中，声乐、器乐往往结合在一起。除器乐为声乐伴唱外，还有演员自弹自唱的表演和把人声放在器乐演奏中表演等形式。

2.舞蹈表演形式

舞蹈可分为芭蕾舞、爵士舞、国标舞、中外古典舞、民间舞、现代舞等。舞蹈表演形式有男子群舞、女子群舞、男女混合群舞、三人舞、双人舞，以及男女独舞。此外，还有演员自唱自舞的歌舞表演形式。

为了营造舞台演出气氛，在舞蹈演出中，也可安排适当的声乐、器乐伴唱、伴奏。

3.其他表演形式

除音乐、舞蹈外，其他表演形式也可适当加入，如各种戏曲清唱、快板、相声、杂技、魔术等。

（二）歌舞晚会的节目组织

1.组织机构

由于群众文艺歌舞晚会的节目比较多，负责策划组织的主办单位首先要建立领导机构，要有一位总策划和一位晚会总导演，下设一个演出办公室，还要有宣传、后勤保障等部门。各部门配合晚会总导演工作，负责演出的各项工作计划的实施。

2.演出的组织

（1）节目的选择和安排

晚会总导演要了解和掌握各基层单位上报节目的表演形式、内容，以及参演人员、演出时间和艺术水平等情况，进行适当的筛选和安排。歌舞晚会的演出时间不要太长，一般以一至两小时为宜。主办单位对演出要有一个总体的构思。首先要选择大型的节目，如大合唱、大乐队演奏、大型群舞，或有乐队伴奏的艺术水平较高的独唱作为开场和终场的节目，使整台晚会有一个良好的开头和完美的结束。

演出时间较长的晚会，可分为前、后半场演出，中间可安排 10 分钟左右的休息时间，下半场演出时间可以短些，节目安排也要适当精彩些，以免冷场，但总时间以不超过两个小时为宜。为使歌舞晚会演出显得精彩和紧凑，可采取利用节目之间的暗场时间用画外音报幕，以秒计算时间抓紧上下场，中间不休息等措施。

（2）节目顺序安排

节目顺序安排大有学问，要注意节目内容、形式的搭配。一般来说，声乐和器乐，男的和女的，清静的和热闹的节目，最好能相间分排，给观众留下一个深刻的印象。要挑选一些艺术质量较高的，并且是群众喜闻乐见的节目，分别穿插安排在整场演出的不同时段，以调动舞台及整个剧场的演出气氛，使整场歌舞演出张弛得当。

（3）开幕词

晚会总导演在演出节目和顺序确定之后，须撰写和确定每个节目的开幕词。开幕词的内容一般包括节目形式、节目名称、演员姓名、编创及排练者姓名等。如果是联欢、会演、比赛等由不同单位组织的同台演出，还须增报节目演出的单位名称。为了调节演出气氛，引导观众更好地理解和欣赏演出节目，在开幕词中可简要地提示或介绍演出的具体内容及演唱者的艺术荣誉等。

歌舞晚会演出可采取主持人或画外音的报幕方式，通过简短精练的开幕词把整台歌舞晚会的演出节目串联起来，使歌舞晚会的演出节奏更加紧凑。

二、戏曲晚会的组织实施

（一）做好准备工作

1.了解戏曲艺术的特征

戏曲艺术是综合性艺术，具有如下特征：第一，涉及的艺术部门和人员较多。除演员外，需要伴奏乐队、舞美、灯光、布景、道具、化妆、服装、音响、字幕等各方面人员的配合，以及主创组、前站、后勤等人员。第二，占用的场地较多，有化妆间、服装间、道具堆放处、乐器放置处、乐队伴奏的乐池，还有演员练嗓间等。第三，演出协调性较强，往往在一段唱腔中，需要各方面人员协调配合，共同完成。第四，节目演出时间比较长，有的戏曲演出时间还随演员及现场观众的情绪变化具有较大的伸缩性。

2.摸清参演单位和有关情况

相关文化部门要摸清本级所辖属范围内，一共有几支参演队伍；以往演过哪些戏，有什么好的传统节目；目前有多少编导、演员、伴奏、舞美人员力量，有多少服装"行头"；参演队伍的收入来源有哪些；目前正在筹划什么剧（节）目和活动。

3.拟制晚会组织计划和请示报告

晚会组织计划和请示报告中除要体现上述参演单位和有关情况，以及演、食、住、行等几方面的内容外，还要体现：目前概况和参演形势分析，各项经费预算和解决途径，排练、演出时间的统筹安排。

晚会组织计划和请示报告获批准后就要拟发通知；联系场地和落实经费；建立晚会的组织指挥机构，做到职责分明，分工明确，工作标准、时限和质量要求明确，要立即按计划进程表开展工作；确定几个重点剧目或剧团，检查落实和帮助辅导；做到既统揽全局，又抓住重点，以保证晚会的质量；根据报上来的剧目，从主题、质量、色彩搭配等几个方面考虑，初步选定参演剧目（应该多选几个节目，以备筛选）。

（二）帮助加工剧目

晚会组织者应收集每个参选节目的现场录像（未剪辑），请专家和有关人员进行挑选。应在最短时间内选定参演剧目，随即发出通知，并做好落选剧目单位和人员的思想工作。

请参演单位的专业人员（一般为编导）研讨剧目加工，请专家进行指导，并限时完成剧目的加工工作。观看各参演剧目修改稿（可以到现场，也可以看录像）。发出晚会参演的通知。印制节目单和海报，做好宣传工作。

（三）组织演出

主管部门领导同意后，做好如下工作：发送观看通知和嘉宾请柬；制订演出日程、参演单位工作计划；拟写参演须知；落实场地和演出时间；做好接待和安排好演、食、住、行等事宜；做好剧场消防安全工作并维持好观看秩序；听取观众反映，如有必要，可以举行座谈会征求意见等。

（四）总结和善后

晚会结束后，主办单位可对参演单位进行肯定、表彰、奖励，提出不足和下阶段任务；写好总结报告；处理好人、财、物等各方面的善后工作。

三、联欢晚会的组织实施

（一）联欢晚会及其种类

组织联欢晚会，其主要目的是通过晚会，增进参加方之间的了解和友谊。根据参加方的情况，联欢晚会可以分为如下几种：与国际友人联欢、单位之间联欢、特殊联欢等。

（二）举办联欢晚会的一般工作

一般来说，联欢晚会除能增强了解和增进友谊外，同时也能活跃人们的思想，振奋精神，鼓舞士气。要组织一场好的联欢晚会，除要做好组织晚会的一般工作外，还应做好以下几点。

1.了解各参加单位的基本情况

参加单位的基本情况包括单位性质、主要领导、人员数量及结构、最近工作状况、主要成绩和荣誉、先进事迹和人物，以及文艺节目表演能力情况，如有哪些传统的节目、主要文艺骨干和本次联欢晚会可以演出的节目。

2.做好晚会的程序安排

（1）组织节目

整台节目的总时间一般以 1 小时左右为宜，最长不要超过 2 小时，要注意各单位都要有节目参演，表演形式尽量丰富多样。

（2）讲话交流

既然是晚会，就要让各参加方的主要领导亮相，有讲话交流的机会。可以安排领导在晚会前讲话，也可以穿插在节目表演中讲话。

（3）穿插活动

如果是舞台演出，可以安排抽奖环节，请代表上台摸号，当众兑奖。如果是围坐式联欢，则可以安排一些抢座位、踩气球、击鼓传花类型的活动。尽量使能直接参与的观众多一些，以增进观众之间的接触和了解。

3.组织实施

要注意联欢晚会上的各种情况变化，随机应变，使晚会的氛围热烈、愉快。此外，还要落实维持秩序、消防等安全保卫工作。

第三节　主题性文化活动的组织实施

从广义上来说，每一项文化活动都有一个主题，例如，歌颂党和祖国的伟大，歌颂劳动和新生活的美好，强调健康、积极和鼓舞斗志的重要性。这里所说的"主题性"指的是那些在相对意义上较为狭窄且具有独特性质的主题，本节我们主要讨论宣传性文化活动和群众性文娱活动两种。

鉴于主题性文化活动的覆盖范围比较广泛，需要动员多个单位和部门的人力、财力和设备来支持活动的开展，即便是由单位和群众独立组织的文娱活动，也必须有足够的场地、资金作为保障。因此，精心地组织实施是确保这类活动顺利进行的前提和基础。

一、宣传性文化活动的组织实施

（一）学习文件，吃透精神

为使组织活动符合上级有关精神和要求，适应当前形势发展，活动的组织者一定要学习有关文件，对重要章节、段落应逐字逐句理解，吃透精神，并把即将开展的活动和相关文件精神紧密联系起来。

（二）调查研究，摸清情况

为使组织的活动具有针对性和可操作性，为下属单位和群众所接受和欢迎，组织者应该尽量摸清活动参与单位和人员的有关情况，做到心中有数。尤其是一些主要的人员、部门、数据、时间和地点等。

（三）初拟方案，征求意见

在方针政策、指导思想清楚，基本情况明确的前提下，就可以开始拟制活动方案了。方案内容可包括指导思想、目的、意义，活动的时间、地点、参加人员、内容程序、规则、奖励、安全保卫措施、经费预算，目前概况、已进行和待进行的工作，以及对活动效果的预测等。

（四）拟制计划，请示报告

把初拟方案细化之后，打印成文，提请上级请示。请示报告可写得简单明了一些，同时把活动方案附上。

（五）发出通知，认真准备

上级批准之后，活动组织者应及时发出通知。同时，应做好时间、人员、场地、经费等准备工作。

（六）组织实施，落实工作

安排好演（学）、食、住、行，做好票务组织、秩序维持、应对突发事件等现场工作。

（七）总结汇报，处理善后

回顾工作，巩固成绩，总结经验教训。结清账目，不留"尾巴"。

二、群众性文娱活动的组织实施

（一）群众性文娱活动的类型

群众性文娱活动的受众非常广泛，无论是在同乡、同事或同学聚会时自发组织的自娱说唱表演，还是由政府或社会团体组织的文艺演出、群众歌咏大会和游艺灯会等，都是非常受欢迎的娱乐活动。自从改革开放政策实施以后，各式各样的群众文娱活动如雨后春笋般涌现，吸引了人民群众的全身心投入。

常见的群众性文娱活动主要包括大型游园活动、社区文娱活动、广场娱乐活动、室内游艺活动等。

1.大型游园活动

大型游园活动主要指的是由政府或社会组织实施的大众娱乐活动，这些活动常常与社会经济活动紧密相连，成为活动中的"搭台"和"鸣锣"环节。例如，在"博览会"中安排的街头狂欢活动，以及在"交易会"中组织的各种游园活动等。

2.社区文娱活动

社区文娱活动是由社区相关部门策划的大众娱乐活动，其种类繁多，通常都是围绕一个主题进行，例如元宵节的灯会、春节的戏曲表演交流会，还有结合相声、歌舞等多种形式的综合性娱乐活动。

3.广场娱乐活动

广场娱乐活动一般由群众文化单位组织，同时也有由群众自发组织形成的。由群众文化单位组织的广场娱乐活动通常与节日、时令有关，通常有明确的时间安排，例如夏季的"周末纳凉晚会"。而群众自发组织的广场娱乐活动，则主要是在群众的业余时间进行。

4.室内游艺活动

室内游艺活动内容广泛，很多机关、工厂、学校都会安排各种各样的室内游艺活动。

（二）群众性文娱活动的实施步骤

1.成立策划班子，组织策划力量

策划小组是由各相关单位或部门选派的具备一定组织和文艺才华的人员组成的，他们主要负责文娱活动的策划和设计，分工明确，统一协调，并负责组织实施。

2.根据有关要求和安排，确定活动主题

在进行策划时，首先明确活动主题。一个有组织的文娱活动需要明确活动的目标和内容，以及它想要传达的意义和可能产生的效果。只有主题清晰、策划思路明确，活动才能产生良好的效果。

3.精心周密设计，提出策划方案

策划团队需要在活动的设计方案上投入较多的精力，特别是在活动的规模、形式、内容、地点和时间的选择上，要尽可能地考虑多种因素。

4.集中力量，认真组织实施

将策划方案落实为具体活动，其中的关键环节是组织实施。任何美好的设想只有通过具体实施才能变为现实。当把设想付诸行动时，策划方案往往会与实际情况存在差距，需要及时进行调整。

组织活动人员配备应尽量齐全。指挥调度、节目准备、联络协调、环境布置、场地管理、安全检查等都应选择责任心强的人负责。组织分工负责的各类人员，要按照策划方案的要求，在周密考虑的基础上，根据详细的落实计划，认真做好充分的准备。如果时间、条件允许，必须按照群众文娱活动的要求进行预先演练，以便从中发现问题，及时进行必要的修改和调整，使活动更加完善。

第七章　群众文化活动的辅导

第一节　群众文化活动的
辅导模式与类型

一、群众文化活动的辅导模式

群众文化活动的辅导有多种模式,其中比较常见的辅导模式主要有以下五种。

(一)专业型辅导模式

群众文化的专业型辅导是一个宽泛的概念,专门进行的舞蹈、音乐、戏剧、曲艺、美术、摄影、书法、文学等艺术门类的辅导属于专业型辅导,组织表演、展览、观赏、阅读、创作等方面的辅导,进行网络、计算机、志愿者等相关知识的辅导也可视为专业型辅导。

专业型辅导是指由群众文化事业机构的专业专职人员或邀请艺术院校、研究机构等部门的专业人员所进行的辅导。即群众文化事业机构组织本单位或被邀请的专业人员按照群众文化的艺术门类进行的单一专业或多专业的综合辅导。

专业型辅导模式的优势是辅导者谙熟群众文化辅导的基本规律,有利于与辅导对象进行沟通,有利于理论与实践知识的结合,有利于提高辅导的效果。

（二）阶梯型辅导模式

阶梯型辅导是指不同层级的群众文化事业机构之间采用阶梯方式逐级进行的辅导。常见的辅导模式就是由上级相关部门根据统一设定的培训内容，由上一级机构对下一级机构逐级进行具有培训性质的辅导。这种辅导模式往往是根据某种特定的需要进行，如为了落实某项群众文化业务工作事项、为了培训某种特殊的业务知识和技能等。

阶梯型辅导模式的优势是有助于自上而下、有效地推进群众文化辅导的各种事项，有助于保证知识和技能传递的准确性，有助于辅导者骨干队伍的建设。

（三）自助型辅导模式

自助型辅导是指群众文化团队内部成员相互之间进行的辅导。自助型辅导主要依靠团队内部成员互为师长、互助互帮来提高团队的群众文化艺术水平。在基层群众文化团队内部，有很多具有一定艺术水平和辅导能力的群众业余文艺骨干，他们是自助型辅导的有生力量。

自助型辅导模式的优势是有利于打破教与学的界限，化解辅导者与被辅导者之间的矛盾；有利于变辅导过程为研讨、互助、教学相长的过程。

（四）家庭型辅导模式

家庭型辅导是指家庭成员内部相互之间进行的双向、互动性质的辅导。辅导的内容包括艺术表演、传统手工艺、现代科学技术等方面的知识或技能。家庭型辅导模式更多地表现为长辈对晚辈的辅导，如长辈进行艺术表演、传授传统手工艺的知识和技能等；有时也体现为晚辈对长辈的辅导，如晚辈教长辈现代科技知识和技能。家庭型辅导模式的主要特点是以家庭成员为对象、以自我教育与帮助为目的。

家庭型辅导模式的优势是实施辅导的过程方便、经济、自由，有助于营造宽松、和谐的辅导环境，有助于辅导过程中的直观演示与沟通。

（五）社区型辅导模式

社区型辅导是指由城市社区内部的文化艺术人才对社区成员进行的辅导。在城市社区隐藏着许多拥有特殊专业艺术技能的专门人才，如艺术团体或单位退休的专业人员、群众文艺积极分子、群众文化志愿者等，他们是社区型辅导人员的主要力量来源。社区型辅导多采用授课辅导、示范辅导、排练辅导、创作辅导等多种方式进行。

社区型辅导模式的优势是有助于改善社区文化艺术人才不足的状况，有助于发掘社区文化艺术人才的潜能，有助于社区群众文化活动水平的提高。

二、群众文化活动的辅导类型

群众文化活动的辅导类型主要是从群众文化辅导的目的出发，根据群众文化活动的实际功用来划分。

（一）活动任务型

即辅导者对某单位或个人在参加竞赛或展示类活动时参与的具体项目所进行的辅导。有许多群众文化活动的辅导都是为了某个特定目的、针对具体项目进行的，目的是使单位或个人在竞赛或展示活动中取得好成绩或有好的表现。

活动任务型辅导的特点：目的性强，所实施的辅导专门针对所参加竞赛或展示的具体项目；功利性强，以所承担的活动任务为中心，以保证活动顺利完成来设定目标；呈微观化，侧重解决项目中所出现的具体问题；技术要求高，要求辅导者自身具有满足活动或比赛任务要求的能力。

（二）普及提高型

即为了普及群众文化知识和提高群众艺术技能而开展的群众文化辅导活动。相比较而言，普及提高型辅导不是针对某个具体的目的进行的，而是为了提高个人或团队知识、技能水平。按辅导目标划分，可分为普及类辅导和提高类辅导。

普及提高型辅导的特点：功利性不强，不是为了实现某种单一的功利目标；期望值增加，辅导对象往往对辅导效果要求更高；目标存在差异，普及类辅导追求覆盖面的扩大，提高类辅导则追求技能水平的进一步提高。

（三）休闲娱乐型

即为了满足广大群众的文化和休闲需求而开展的丰富多样的辅导活动。休闲娱乐型辅导主要是为了满足辅导对象在愉悦身心和陶冶性情方面的需求，通过享受辅导过程获得精神上的满足。

休闲娱乐型辅导的特点：非功利性，辅导对象只为追求辅导过程的乐趣和成就感等；娱乐性突出，辅导内容能够与辅导对象的兴趣完美融合；辅导过程轻松，辅导对象既可学到知识，又能获得艺术享受。

第二节　群众文化活动的
辅导形式与方法

一、群众文化活动的辅导形式

群众文化活动的辅导大致有以下七种形式。

（一）单向传输式

单向传输式辅导多以课堂授课的方式呈现，即由辅导者以教学的方式传授相关理论和艺术知识等。一般包括个人辅导、群体辅导、讲座等多种方式。

1.个人辅导

即采取单人一对一的形式对辅导对象进行的有针对性的辅导。辅导者有时需要根据辅导对象的个人需求进行单独授课，所需的辅导方式、方法也应符合辅导对象的个性需求。个人辅导形式可分为短期辅导和长期辅导。短期辅导是由辅导者针对辅导对象在接受辅导过程中所遇到的重点、难点问题所进行的一次性或短时性的辅导；长期辅导则是辅导者根据辅导对象的实际水平，根据专业教学的目标、内容进行的系统性或阶段性的辅导。

2.群体辅导

即针对辅导对象群体进行的辅导。辅导者进行群体辅导往往需要根据辅导对象的水平差异、辅导知识的共性特征等，从辅导对象群体整体的接受能力出发，合理安排辅导内容。一般集体性项目均采用此种辅导方式，如群舞、合唱等。

群体辅导也可分为短期辅导和长期辅导：短期辅导应针对群体某一方面的知识或相关问题进行；长期辅导应根据辅导群体的不同水平或不同知识目标进

行，按照教程系统地完成辅导目标。

3.讲座

即辅导者采用授课的方式向辅导对象传授知识、技能的一种辅导方式。讲座按内容划分可分为专题讲座和系列讲座：专题讲座宜针对某一方面的知识和技能进行，系列讲座则可系统传授相关知识和技能，并实现预期的辅导目标。相比较而言，讲座方式更多地采用辅导者讲、辅导对象听的方法。为提高辅导效果，易于辅导对象理解和接受，讲座内容应与辅导对象的实际情况紧密联系，在授课中有互动、有问答，形式生动活泼，并充分运用多媒体等现代科技手段。

（二）引领传输式

引领传输式辅导是由辅导者示范引领、辅导对象模仿练习，通过口传身授的方式进行的辅导。口传身授是群众文化辅导的一个重要特点。它包括辅导者的口头讲解和以身示范两个方面，即辅导者在讲解的基础上，采用引领示范的方法，指导辅导对象进行模仿练习，从而达到辅导的目的。示范可分两步进行：一是整体示范，使辅导对象对辅导内容有一个全面的印象；二是分步示范，即辅导者示范，辅导对象模仿。在群众文化辅导中，引领传输式辅导较为有效和实用，如群众戏剧、群众舞蹈、群众音乐的辅导，都可以采用这一形式。

（三）指导传输式

指导传输式辅导是通过辅导者的指导和帮助，由辅导对象中的优秀者重复进行疑难问题或部分内容的二次讲解和示范，这样既可以使承担讲解示范任务的辅导对象进一步巩固所学的知识和技能，也能使其他辅导对象通过这种二次辅导得到复习、理解所学内容的机会。指导传输式辅导的优点在于能够最大限度地调动辅导对象的积极性，有利于提高辅导效果。在群众文化中，书法、绘画、摄影等都可以采用这种辅导方式。

（四）互助传输式

互助传输式辅导通过辅导对象之间相互传授经验和体会，取长补短，从而实现共同进步。互助传输式辅导是群众文化辅导中不可或缺的一种形式，对提高辅导效果有重要作用。例如，教学讨论会可以针对辅导中遇到的重点、难点和急需解决的问题进行专题研讨，辅导对象之间进行交流和讨论，相互帮助、取长补短，从而加深对讨论议题的理解。

（五）观摩传输式

观摩传输式辅导即采用实地采风、多媒体演示等多种方式为辅导对象提供观摩机会，帮助其开阔眼界、拓宽思路，从而提高辅导质量。观摩是群众文化辅导不可或缺的一种手段，有目的地进行直接或间接观摩可以取得事半功倍的辅导效果。例如，群众美术、摄影、书法以及群众文艺创作辅导可多采用采风的方式帮助辅导对象获得创作灵感。群众舞蹈、音乐、戏曲等艺术表演门类则更多地需要辅导对象到剧场、影院去进行观摩。

（六）实习传输式

实习传输式辅导是辅导对象在辅导者的带领下，开展排练、演出展示等活动，并将辅导内容融入其中，以此提高辅导质量。实习，顾名思义，就是在实践中学习。群众文化辅导也离不开实习，即在经过一段时间的辅导或辅导即将结束时，辅导对象将学到的知识运用到群众文化活动的实际工作中去。例如，根据所辅导的专业或内容，辅导者有针对性地组织辅导对象进行群众文艺创作，或组织文艺节目排练、演出等。

（七）网络传输式

网络传输式辅导是利用网络媒体、电化演示等科技手段来进行群众文化辅导活动。随着网络技术的发展，利用网络进行群众文化辅导已经成为群众文化辅导的重要手段。主要方式有利用网络为辅导对象提供网上授课、网上辅导资料查询下载、网上展示，以及远程指导等。网络资源十分丰富，开展网络传输辅导有助于提高辅导效果和质量。例如，对群众进行音乐辅导时，可以充分利用网上的音乐资源，这样既可使辅导对象更深入和充分地欣赏音乐，还可以根据其个人特点进行校正。

二、群众文化活动的辅导方法

由于群众文化活动的辅导对象在职业、年龄、文化程度等方面都存在着较大差异，因此应根据辅导对象的差异选择适宜的辅导方法。即在实施群众文化辅导的过程中，注意遵循群众文化辅导的一般规律，采取便于辅导对象接受的、灵活多样的辅导方法，以保证辅导的最终效果。

（一）目标激励法

目标激励法就是帮助辅导对象在辅导活动的初始阶段就明确学习目标、找准方向，变被动学习为主动学习。采用目标激励法，最主要的就是根据辅导对象的实际情况确定适当的学习目标，既不要使辅导对象感觉目标过难而失去信心，又不能因目标过易而失去学习的主动性。同时，在辅导过程中，应针对辅导对象的心理追求设定阶段目标，及时发现辅导对象所取得的点滴进步并予以鼓励；在遇到困难的时候，要鼓励辅导对象坚定信心、克服困难，适时教授相关的知识和技能技巧，从而实现最佳的辅导效果。

（二）循序渐进法

循序渐进法就是辅导者要根据辅导对象的具体状况，进行由浅入深、由表及里的渐进辅导。在群众文化辅导中，应紧密联系辅导对象的实际，采取由浅入深、由简到繁、由表及里、由慢到快的方法，注重打牢基础、循序渐进，一步一个脚印地按照层次有步骤地进行。急于求成，不仅会导致"欲速则不达"，还会使辅导对象走弯路，甚至造成严重的后果。

（三）示范引导法

示范引导法就是通过辅导者或特定示范者的示范演示，引导辅导对象模仿学习。示范在群众文化辅导中起着重要作用。在辅导过程中，辅导者通过自身科学的、高水平的示范演示，或者通过引导特定示范者或辅导对象的示范演示，可以起到带动辅导对象的感官体验、提高辅导的感染力的作用。尤其针对辅导对象学习和训练中存在的问题，进行有针对性和对比性的示范，有助于提高辅导对象的鉴赏和分析水平。借助高水平的演艺作品进行演示，也是一种有效的示范方法。

（四）难点突破法

难点突破法就是根据辅导过程中的实际情况，找出难点的解决方法，进行重点辅导。对辅导中出现的难点，应力求做到：找出难点的症结所在，将难点进行分解，注重分析难点与其他相关辅导内容的内在联系，认真研究突破难点的有效途径，运用便于辅导对象接受的辅导理念和辅导方式激发辅导对象的内在潜能，分步骤、分阶段、分层次地解决难点问题。

（五）反向思维法

在群众文化活动辅导过程中，有时面对辅导对象正向思维难以理解的重点、难点问题，应当运用反向思维法进行辅导。反向思维法就是打破正向思维机械和僵化的思考问题模式，采用"倒过来想问题"的方法，从中发现解决问题的办法。在群众文化辅导中，采用反向思维法，就是从辅导对象的角度去理解辅导中遇到的问题，发现辅导对象理解问题时出现的误区和盲点，进而达到解决问题的目的。

（六）理论指导法

理论指导法就是将群众文化的理论知识灵活运用于群众文化活动辅导的实践，使辅导对象在接受辅导的过程中能够得到相应的提高。辅导过程不能脱离理论的指导，确保辅导对象顺利完成从感性认识到理性认识的转变，是群众文化辅导的重要要求。在群众文化辅导中，辅导者应根据遇到的问题，有针对性地讲授原理，剖析本质，使辅导对象既能掌握实际技能，又能掌握基本理论，从而有效减少和避免群众文化活动的盲目性和片面性，达到"知其然"并"知其所以然"的目的。

（七）检查评定法

检查评定法就是通过对辅导对象阶段性学习成果进行检查和指导，达到辅导的预定目标。检查评定是群众文化辅导过程中经常采用的辅导手段，其目的既是使辅导对象了解自己的学习效果，也是检查辅导目标的实现程度。检查评定一般可采用阶段性或总结性的考试、考核方式，也可以采用现场演示或现场问答的方式。无论采用何种方式进行检查评定，都应当力求客观公正，通过检查评定，发现解决辅导对象存在的知识和技能方面的问题，巩固已取得的辅导成果，调动和提高辅导对象的学习积极性，使辅导对象得到进步。

群众文化活动的辅导过程是一个复杂的动态过程，对群众文化辅导模式、形式和方法的选择应因时而异、因地而异、因人而异，不应千篇一律、机械套用。此外，群众文化辅导过程也不是套用一种规制从一而终，而是要根据辅导过程出现的新情况、新变化，综合采用两种或多种辅导模式、形式和方法。一句话，就是一切从实际出发，合理、灵活地选用辅导形式和方法。

第三节 群众文化动态活动的
分类辅导

群众文化的动态活动主要包括群众舞蹈活动、群众音乐活动、群众戏剧活动、群众曲艺活动等。

一、群众舞蹈活动的辅导

（一）群众舞蹈活动辅导的内容

群众舞蹈活动的辅导内容主要包括三个方面：以舞蹈知识讲座、网络媒体等为辅导形式的舞蹈理论基础知识；以各种辅导班、兴趣班等为辅导形式的舞蹈训练内容；根据不同社会需求创编群众舞蹈作品。

1.舞蹈知识普及

舞蹈理论基础知识是舞蹈知识普及的主要内容，它不受主观条件的限制，可以广泛地满足人民群众对舞蹈知识的需求。舞蹈理论基础知识主要包括舞蹈基本常识和舞蹈作品赏析知识两大部分。

一是舞蹈基本常识，包括舞蹈的种类、舞蹈术语、舞蹈的特征等基础知识。其主要任务是帮助辅导对象认识现代舞、民间舞、古典舞等舞蹈种类；认识蒙古族的安代舞、维吾尔族的"赛乃姆"等民间传统舞蹈形式；了解芭蕾舞的"开、绷、直、立"、中国古典舞的"圆、曲、拧、倾"、傣族舞的"三道弯"等各种舞蹈美学特征。

二是舞蹈作品赏析知识，即基于舞蹈作品产生的历史、文化背景的舞蹈动作语汇、风格形态、作品结构形态、审美价值取向、思维方式呈现等多方面的系统知识，包含作品的题材、体裁、内容、形式、风格、技巧等。

2.群众舞蹈培训

群众舞蹈培训是通过有组织的舞蹈知识、舞蹈技能的传递，让辅导对象亲身参与的舞蹈训练活动。它是建立在舞蹈特殊性——动态性基础上的另一种重要的普及教育形式。群众舞蹈培训主要包括广场舞推广培训和针对不同人群、不同需求的舞蹈训练班培训两大类。广场舞推广培训不同于传统的民俗舞蹈传承活动，它是有组织、有计划的广场文化的培育行为，既包括针对广场舞推广教员的培训，也包括面向大众的广场舞实践活动。培训形式多样、种类繁多，最常见的有少儿舞蹈班、成人形体班、老年民族舞班、国标舞班等，其教学内容根据辅导对象的年龄、需求，以及舞蹈基础的差异各不相同。

3.群众舞蹈创编

根据不同目的和需求所进行的群众舞蹈创编活动是群众舞蹈辅导的一项重要内容。依据表演目的的不同，群众舞蹈可分为以节庆仪式、强身健体为目的的广场舞蹈和以展演展示、交流竞赛为目的的舞台舞蹈。广场舞蹈创编应遵循易学易跳、形式活泼、参与性强等原则。节庆仪式类的广场舞要注重"场"与"面"的关系，追求宏大、喜庆的氛围；强身健体类的广场舞往往节奏鲜明、队形简单，强调自娱性。舞台舞蹈创编以群舞居多，与职业舞蹈相比，群众舞蹈的动作技术难度不高但动态特色鲜明，没有固定不变的创编规则可循，唯有始终坚持不拘一格、推陈出新，才能从各种展演展示、交流竞赛中脱颖而出。

（二）群众舞蹈活动辅导应注意的问题

1.以辅导对象为中心

树立"以辅导对象为中心"的服务意识，辅导者既是主导者、组织者，又是服务者。主导者在辅导过程中，要发挥主导作用；组织者应强调广泛的群众参与面和辅导活动受惠面，要求辅导者充分调动群众的参与积极性和学习主动性；服务者突出的是一切从群众需求出发，满足不同人群的多样需求，使辅导对象通过参加辅导活动达到锻炼体魄、愉悦身心的目的。

2.辅导内容"宜广不宜深"

辅导内容的选取既要注意广泛性，又要根据辅导对象的身心特点注重可接受性。让辅导对象不断获得成功的体验，培养辅导对象的舞蹈兴趣，是选取辅导内容的基本标准。对于群众性的舞蹈辅导而言，过多的技巧、过难的动作都不适合。群众需求的多样性、社会辅导的长期性等，都决定了辅导内容的广泛性。

3.重视辅导效果信息反馈

树立小循环、多反馈的意识。辅导者在辅导过程中，要针对辅导对象难点动作、重点知识的掌握情况，做好及时评价、多次点评；在辅导结束时，进行总结反馈；此外，还要注意多创造汇报、交流、演出的机会，让辅导成果在活动和比赛中展示出来。

二、群众音乐活动的辅导

（一）群众音乐活动辅导的内容

群众音乐活动的辅导对象是非音乐专业的广大群众。由于辅导对象大多没有在专业院校学习的经历，存在音乐知识掌握不够系统、表演技能技巧掌握不全面等问题，因此群众音乐活动辅导的内容应具有广泛性和实用性。

1.群众器乐活动知识

群众器乐活动有合奏、独奏等。合奏的主要辅导目标：首先辅导对象要掌握合奏的基本知识；其次是对乐曲的整体把握能力，对乐队领奏、分奏、多织体合奏等有步骤地进行训练，运用多种乐器性能、多种音色组合、多种演奏表现方法深刻表达乐曲的内涵。独奏的主要辅导目标：辅导对象能够掌握和熟练运用乐器；通过对作品的分析、理解，完整地表现乐曲内容；形成独特的演奏风格。

2.群众声乐活动知识

群众声乐活动有合唱、独唱等。合唱的主要辅导内容是合唱的基本知识，即通过歌唱的咬字、呼吸、共鸣发声训练，音准、节奏训练等，对辅导对象进行有步骤的辅导。同时，运用多种演唱技巧和手段，深刻地表现歌曲内容，使演唱具有亲和力、感染力和震撼力。独唱的主要辅导内容：通过对作品的分析、理解，运用多种手段表现歌曲内容，形成独特的演唱风格。

3.群众音乐创作活动知识

首先要掌握音乐创作方面的基本知识，运用创作知识和技法表达情感，使创作出来的作品能够真实地反映社会生活。其次是围绕鲜明的主题，进行整体形象的构思、曲式结构的构思，处理好歌曲风格、调式、调性、和声等要素。最后是安排好作品的开头、结尾、乐句、乐段、间奏、高潮等布局，使作品表达完整，努力塑造出生动、富有感染力、个性鲜明的音乐形象。

（二）群众音乐活动辅导应注意的问题

1.以情感为纽带来培养辅导对象的学习兴趣

在群众音乐辅导中，辅导者要以情感为纽带来培养辅导对象学习音乐的兴趣。辅导者可以通过自身对音乐作品的理解和情感体验，以优美的范唱、范奏和生动的讲解来激发辅导对象的情感，营造出一种自由的、轻松自然的辅导环境。另外，让辅导对象与辅导者产生情感共鸣，不仅可以使辅导对象更快地理解和掌握辅导内容，还可以拉近辅导者和辅导对象之间的心理距离。

如果辅导者严肃拘谨，辅导氛围紧张，则有碍于调动辅导对象的艺术感觉，不仅达不到良好的辅导效果，还会直接影响辅导对象的学习兴趣。

2.以打好音乐基础为辅导重点

群众音乐活动辅导的对象大部分是音乐知识掌握不够系统、表演技能技巧掌握不够全面的普通音乐爱好者。因此，对这一群体的辅导要以打好基础为重点，将强化基础贯穿始终。首先，辅导者要对辅导对象加强音准、节奏等方面的训练，帮助他们多听、多看、多练，不断增强他们对音乐的理解和表达能力；其次，不仅要强化基础内容的训练，使辅导对象具有扎实的基本功，还要不断培养、提高辅导对象的学习兴趣，让辅导对象在学习音乐的过程中由被动到主动，直至完全入门，有些还可经过深造，成为基本功扎实、音乐知识全面的音乐骨干。

3.以循序渐进的原则安排辅导内容

在群众音乐活动辅导过程中，辅导者要始终遵循循序渐进的原则，由浅入深、由简到繁，按次序、有步骤地安排好辅导内容。在声乐辅导过程中，先要让辅导对象唱好低、中音，打好坚实基础后才能安排辅导对象练习高音。在没有掌握唱高音的技巧时，乱唱高音，并选择不适当的作品演唱，只会适得其反。

4.以不断的研究实践提高辅导能力

在群众音乐活动辅导过程中，辅导者不但要具备一定的音乐专业技能，还要具备活动组织、音乐创新、文字表达、工作协调等多方面的能力。这就需要辅导者不断加强学习，提高文化艺术修养和辅导能力。在辅导实践中，辅导者要善于总结辅导经验，并将其上升到理论高度加以研究，使自己成为群众音乐活动辅导的研究者和带头人。

三、群众戏剧活动的辅导

（一）群众戏剧活动辅导的内容

戏剧主要包括戏曲和话剧。戏曲是中国传统戏剧，经过长期的发展演变，逐步形成了以京剧、越剧、黄梅戏、评剧、豫剧五大戏曲剧种为核心的中华戏曲百花苑；话剧则是 20 世纪引进的西方戏剧形式。因此，群众戏剧活动可分为群众戏曲活动和群众话剧活动两种。

1.群众戏曲活动辅导的内容

（1）戏曲理论基础知识

即戏曲基础性理论知识。中国戏曲艺术是中华民族文化艺术的结晶，经历了上千年的发展历史。广大戏曲爱好者通过对基础理论的学习，可以加深对中国传统艺术的认识，同时进一步增强民族自豪感。

中国戏曲概要——主要了解我国戏曲艺术的发展历程。戏曲艺术发展的每个时期都留下了清晰的时代烙印、代表剧目及人物，掌握相关历史知识有助于人们加深对我国传统戏曲本质的理解。

戏曲的种类与特征——主要了解我国不同剧种的特征。辅导对象通过学习相关知识，可以开阔视野，提高分析能力和审美能力。

戏曲风格与流派——京剧、越剧、黄梅戏、评剧、豫剧的风格各不相同，且流派繁多，这正是戏曲的魅力所在。辅导者在选取辅导内容时，应视辅导活动的类型及辅导对象的具体情况而定。

（2）戏曲艺术基础知识

即戏曲应用性理论知识。中国戏曲是综合性艺术，包含文学、语言、音乐、舞蹈、美术、杂技、武术以及民间艺术等，并将多方面的艺术形式融为一体。虽然各剧种的侧重点不尽相同，但都形成了统一的戏曲规范和程式。了解戏曲规范是辅导对象参与戏曲艺术表演的先决条件。

戏曲规范主要包括戏曲的程式规范、戏曲音乐与板式、戏曲的服装与道具、戏曲韵白与韵律、戏曲锣鼓经、戏曲文武场等基础知识。

（3）戏曲操作基础知识

即戏曲艺术实操方法类知识。戏曲爱好者若要参与戏曲剧目的实践活动，必须掌握相关技巧。戏曲的表演技法集唱、念、做、打为一体，戏曲爱好者若想达到职业表演者的水平是很困难的，辅导者应站在辅导对象的角度选择辅导内容。一般来说，主要辅导内容包括戏曲唱功练习、戏曲念白练习、戏曲身法练习、戏曲台步练习、戏曲腿功练习、戏曲编导基础知识等。

2.群众话剧活动辅导的内容

（1）话剧理论知识

即话剧艺术的基础性理论知识。学习话剧理论知识有助于提高辅导对象对这门艺术的整体认知能力。其中包括：

中外话剧发展历史——主要了解西方话剧艺术形成的历史背景、条件及发展过程；传入我国的时间和历史背景；西方话剧艺术在我国形成的土壤和条件等。

话剧的类别与特征——话剧可分为舞剧、歌剧、音乐剧、木偶剧等。每一个剧种都有其特定的模式、规律和特征。了解各剧种自身的艺术特征和各剧种之间的联系，对全面学习戏剧艺术规律具有重要意义。

话剧风格与流派——话剧的流派有很多，它们产生于不同的历史时期，各自具有鲜明的艺术风格和特征。例如，自然主义戏剧、象征主义戏剧、未来主义戏剧、荒诞派戏剧、先锋派戏剧等。掌握这部分知识对话剧爱好者把握具体剧目的风格、提高对话剧的理解能力有重要作用。

（2）话剧专业知识

即话剧艺术应用性理论知识。在群众话剧表演过程中，如果没有应用性艺术元素的支持，则所有艺术处理和话剧动作便失去了根基，从而变得没有意义。表演者在剧中的每一个动作都有其目的，都必须按照剧情的要求去塑造人物。因此，学习话剧专业知识是完成群众话剧作品的前提。

主要学习内容包括话剧动作与话剧语言、话剧悬念与话剧冲突、话剧元素与话剧目的、话剧导演与话剧表演、情节线与动作线、话剧故事与话剧主题、剧本情节与剧本角色、话剧舞台美术与话剧音乐、典型人物与典型性格、编剧基础知识等。

（3）话剧操作基础知识

即话剧艺术实操类知识。这部分内容是群众话剧辅导的主要部分。在群众话剧实践活动中，大多数参与者的参与目的是满足自身的文化需求，对演员和导演的职责分工并没有清晰的认识。因此，技术操作性知识不必求深，但要全面。

　　主要的学习内容包括剧本的阅读、导演的构思与排练方法、话剧节奏与舞台调度、演员角色的进入与角色的再创作、话剧台词要素与形体训练要求、话剧排练计划与排练方法、演职人员的分工与配合等。

（二）群众戏剧活动辅导应注意的问题

1.做到"两个结合"

　　戏剧是一门文学性很强的综合性艺术，不同年龄和不同审美水平的群众对戏剧艺术的理解能力也各不相同。如果理论性的内容过多，辅导对象就会产生枯燥感和疲劳感。若仅侧重操作性内容辅导，又会失去理论支撑而使辅导对象产生盲目感。因此，在辅导内容的选择上必须做到普及与提高相结合，基础知识与实际操作相结合。

2.从激发兴趣入手

　　群众参与戏剧活动的主要原因是满足自身的文化需求，因此在辅导过程中应从激发群众的兴趣入手，采取多种形式来满足辅导对象的各种需求。通常情况下，辅导对象都有求知性和自娱性心理，而且大多数时候这两种心理会并存。辅导者必须充分认识到，在群众戏剧活动中，辅导对象既是表现者又是观赏者。

3.注意因材施教

　　群众戏剧活动的辅导应是一个由感性到理性的渐进过程，大多数辅导对象对于戏剧艺术的兴趣仅仅源于爱好，对理论知识不熟悉。由于人们参加辅导活动的目的和接受能力各不相同，所以对辅导对象理论知识的传授不可以过多，要时刻注意因材施教，量力而行。

第四节 群众文化静态活动的
分类辅导

一、群众美术活动的辅导

（一）群众美术活动辅导的内容

1.美术基本知识

群众美术活动的辅导对象大多是美术爱好者，他们中的很多人没有受过专业训练，辅导者需要向他们介绍一些美术基础知识，使他们对美术专业有一个初步的认识。首先，辅导者要讲解美术名词的含义，如美术、绘画、雕塑、工艺美术、建筑艺术、中国画、西洋画、工笔、写意、素描、速写、写生、临摹、创作等；其次，应简要介绍中外美术知识，如中国美术、民间美术、西洋美术、中外艺术流派、中外绘画名作等。

2.绘画基本技法

绘画辅导要以实践为主，帮助辅导对象掌握绘画技法是辅导的首要目的。辅导技法要结合辅导对象的绘画基础和需求，由易到难，循序渐进。绘画技法分为中国画技法和西洋画技法两大类，中国画技法有工笔线描、渲染敷色、写意技法等；西洋画技法有明暗造型、色彩写生、油画技法等。此外，如速写、素描的练习，可以提高辅导对象的造型能力，为学习其他绘画技法打下基础。

3.创作基本要领

学习绘画知识和技法是为了进行创作，不同绘画类型有不同的创作方法，让辅导对象了解创作基本知识、掌握创作基本要领是辅导的最终目的。创作辅导主要有三个环节。一是赏析美术名作。辅导者选取古今中外有代表性的作品，讲解其主题思想、艺术技巧、构图方式、创作程序等知识，以提高辅导对象的美术创作修养。二是进行创作实践。辅导对象运用已掌握的知识和技法进行创作实践，要处理好临摹、写生、创作三者的关系。三是创作活动点评。辅导者针对辅导对象的作品和实践过程进行点评，指出作品优劣所在，分析问题产生的原因，不断提高辅导对象的创作水平。

（二）群众美术活动辅导应注意的问题

1.辅导计划要有针对性

群众美术辅导的内容和形式具有较强的针对性，要认真调查，了解群众的需求及其接受能力，研究相适应的辅导方式，制订严谨的辅导计划。美术辅导内容丰富，辅导对象情况不一，一定要依据辅导对象的特点和要求，尊重艺术学习规律，制订多类别、多层次、多形式的辅导计划。辅导计划既要体现长远目标，也要体现近期目标，既要符合地区文化发展战略，又要满足群众的多种需求。辅导计划要具有针对性、科学性和可行性。

2.辅导活动要有连续性

群众美术活动辅导的目的在于增强辅导对象的艺术创造力，满足人们不断增长的审美需求。因此，辅导活动要有连续性，以保证群众创作队伍的不断壮大和创作水平的不断提高。辅导的连续性主要体现在内容、时间、人员等方面，辅导内容要按照学科规律有先后之分，技法练习由易到难要有分期目标。辅导活动要既有阶段性，又有连续性，普及和提高相结合，长期坚持，循序渐进，才能达到预期的目的。

3.辅导方法要有灵活性

群众美术活动辅导的场地、时间、人员、内容、设备等多有变化，这要求辅导者因地制宜，采取灵活的辅导方式。不同的辅导内容，就要有不同的辅导程序，例如，学习西洋绘画大多从实物写生入手，而学习中国画就多从临摹作品开始。辅导对象的数量不同，采取的授课方法也不同。例如，学员较少时，辅导者可在画案上作画示范；学员较多时，辅导者可利用多媒体投影进行示范。辅导对象不同、目的不同，辅导要求也不同。例如，老年人学习绘画多为消遣，辅导宜浅显，年轻人学习多为事业，辅导务须求严；不同地区、不同时期，辅导方法也须有别。

4.辅导教师要有积极性

群众美术辅导往往人员复杂、科目繁多，因此，辅导者要具有高度的责任心。辅导活动的成功与否关键在于辅导者，辅导者要有较高的思想境界，能够站在传承民族文化遗产、发展国家文化事业的高度来看待群众美术辅导，要充分认识到辅导活动的现实意义和深远意义，要有长期不计得失、埋头工作、无私奉献的精神。辅导者需要不断刻苦学习，努力实践，提高自身的业务能力，满足群众多方面的需求，积极主动地做好群众美术辅导工作。

二、群众摄影活动的辅导

（一）群众摄影活动辅导的内容

1.摄影基本知识

包括摄影的概念、发明、应用、群众摄影活动的兴起与发展等内容。

2.照相器材知识

包括相机的分类、感光材料的分类、液晶显示屏与取景器、镜头、常用配件等内容。

3.摄影理论基础知识

包括光圈，快门，感光度，曝光组合、曝光补偿、包围曝光，测光，景深，色温与白平衡，正确对焦等内容。

4.数码摄影操作知识

基本操作：安装电池、安装存储卡、装卸镜头等。

基础设置与应用：日期和语言、休眠时间、图像画质、回放和删除、实时显示功能、闪光灯拍摄、曝光模式、场景模式、驱动模式、照片风格等。

5.摄影创作基础知识

包括持机方法，拍摄方位、拍摄高度、镜头使用，构图，光线的应用，影调与色调。

6.专题实拍技术知识

包括人像摄影、风景摄影、纪实摄影、静物摄影、家庭生活摄影、其他场景摄影等拍摄技巧。

7.照片后期处理技术知识

包括图像处理的基础知识，照片的裁剪，照片的修正，照片的传输、储存、管理和查看。

8.其他知识

包括群众摄影队伍的组建，群众摄影采风、比赛、创作活动的组织，群众摄影创作题材的选取等。

（二）群众摄影活动辅导应注意的问题

1.坚持分类辅导

要了解和掌握辅导对象的情况，按照不同年龄层次、文化素质、摄影基础及对摄影知识的需求等情况进行分类辅导，做到有针对性。

2.讲解通俗易懂

辅导者应避免讲过于深奥的理论知识，语言要通俗易懂，尽量让辅导对象理解和接受。

3.紧密联系生活

群众摄影活动的辅导要和社会生活紧密相连，通过走进自然和深入生活的实拍辅导训练，让群众感受自然美、生活美，并乐于欣赏美。同时，还要注重培养辅导对象的吃苦精神。

4.运用形象教学

辅导者在摄影辅导活动中，要依托现代化教学手段进行形象化教学，用照片说话，多讲实例，做到言之有物，避免空泛。

5.适应群众需求

辅导者应根据群众文化活动的特点开展辅导活动，注意时间的灵活性、方式的多样性，以满足各类人群的学习需求。

6.知识不断更新

辅导者要不断学习新知识、新技术，以满足辅导工作的需要。

三、群众书法活动的辅导

（一）群众书法活动辅导的内容

1.书法艺术知识

包括汉字字体的发展及书写艺术传统、文房四宝、碑帖、书论等；各类书体，含楷书、行书、草书、隶书、篆书等；书法艺术技巧、书法艺术欣赏等。

（1）汉字的字体发展历史

即汉字的发展演变顺序，甲骨文、金文、小篆、隶书、楷书、行书等。

（2）文房四宝

即笔、墨、纸、砚，是中国书法绘画艺术的必备工具，其不仅历史悠久、品种繁多，而且质地优良、做工精细。宣纸、湖笔、徽墨、端砚都是文房四宝中的珍品。

（3）书法艺术技巧

包括学书姿势、临摹碑帖、格式运用、学书次序，以及基本的学书方法。

（4）书法艺术欣赏

包括书法美学、书法艺术欣赏与品评、书法的章法、书法的气韵、人品与书品等。

2.各种性质的书法

（1）展示性书法

书法具有很强的展示性。例如，个体性展览、个体联合性展览、团体性展览、团体联合性展览、研讨探索性展览、定期性展览、陈列性展览、交流性展览等，都体现了书法的展示性。

（2）民俗性书法

民俗性书法是民间喜闻乐见的一种书法，其具有独特的书写性。包括吉祥祈福性书法，如百寿图、百福图、花鸟字画式书法等；祭祀性书法，如供奉、哀挽等；健身性书法，如气功式书法、舞蹈式书法等。

（3）表演性书法

虽然书法艺术不提倡表演，但是在群众文化活动中，书法表演却是一项很吸引人的活动。书法表演可分为个体性书法表演与团体性书法表演。

（4）收藏性书法

很多人对收藏有着极大的兴趣，其中，书法艺术品的收藏占有极高的比例。收藏者需要了解书法艺术的基本知识，书法艺术品的收藏价值、购藏技巧，书法艺术品的收藏方法等。

（二）群众书法活动辅导应注意的问题

1.坚持书法活动健康向上

书法活动范围广泛，构成群体需求多样，需注意加强对书法活动的引导，确保书法作品的内容、形式及题材健康、积极、向上。

2.注重书法活动自娱自乐

群众书法活动不同于专业书法活动，应启发学习者在书写过程中动静结合，享受学习、创作过程中的乐趣。

3.因材施教，避免过于僵化

书法学习者年龄不同、需求各异，书体有限、字体繁多，辅导者应注意因材施教，避免过于僵化。

四、群众文学活动的辅导

（一）群众文学活动辅导的内容

1.文学基本内容

包括文学的本质，文学作品内容的构成要素，文学体裁及其分类，各文学体裁的特征，文学欣赏、文学批评，等等。

2.文学史

包括古代文学史、现代文学史、当代文学史、外国文学史等内容。通过辅导，让辅导对象了解古今中外文学史上的重要作家、作品，以及各文学流派的特征。

3.文学创作

包括文学创作过程及其思维方式、人物形象的塑造方法、创作的主体与客体、创作表达方式与技巧等内容。也包括帮助辅导对象解决其在文学创作过程中遇到的困难。

（二）群众文学活动辅导应注意的问题

1.注意辅导组织的体系化

即注意组建区（县）、街道（乡镇）、社区（村）各级群众文学组织，如文学协会、诗社等，借以凝聚文学爱好者，相互激励，相互学习，共同提高文学修养，创作出好作品。

2.明确辅导内容和侧重点

群众文学辅导不同于学生的在校学习，很多文学爱好者是终身学习，长年在群众文学组织中活动。群众文学辅导应将系统化的学习辅导和作家的启发性讲座相结合，既可通过长期的辅导，帮助辅导对象系统学习文学知识和各种文学文体的创作技巧；也可根据辅导对象的不同水平，对其进行分组辅导，对水平较高的可进行重点辅导。

3.鼓励个性化辅导方式

辅导对象往往有各自的人生经历、生活体验和审美经验，因此辅导者应注意鼓励、启发和引导。一方面要提高辅导对象的精神境界；另一方面要提高辅导对象感受生活和进行文学创作的能力。在兼顾各种文学体裁的同时，根据辅导对象的特长，组建小说、散文、诗歌、戏剧等小组对其分别进行辅导。

4.多种辅导形式相结合

在文学辅导中，除了传统的课堂讲授、讲座、学习研讨及网上辅导等，还可通过采风、朗诵会，以及对文学爱好者创作的习作进行修改或点评等形式激发辅导对象的创作热情。同时要注意与辅导对象相互尊重，互为师友。

5.教案和教学方法要有针对性

坚持统筹兼顾、注重基础、循序渐进、读写并举、鼓励为主、综合培养的原则。辅导者应当使用高质量的写作教材或大纲，为辅导对象提供参考书目和资料来源。教学应该突出实际应用，根据被辅导者的实际需求，强化和突出某些文体的教学。

6.辅导者应不断提高专业能力

群众文学活动的辅导者应具有过硬的专业能力和较强的敬业精神，具有组织、辅导、研究能力，以及一定的创作能力，并且要不断学习新的知识，时时更新自己的知识结构。

第八章 新媒体视角下的
群众文化建设

第一节 新媒体的崛起

随着生活水平的提高，人们对精神文化生活提出了更高的要求，加强群众文化建设成为新时期社会主义精神文明建设的重要任务。

近些年，信息技术获得了飞速发展，基于网络和数字技术的新媒体在人们的日常生活和工作中得到了广泛应用。新媒体因其出色的交互性和高效的信息传递能力，赢得了公众的喜爱。在新媒体的时代背景下，如何高效地组织和开展群众文化活动，已经成为群众文化从业者面临的重要议题。

一、新媒体的定义

新媒体相对于传统媒体，是一个不断更新的概念，是网络技术的延伸。相关学者认为，新媒体是基于计算机技术、通信技术、数字广播技术等，通过互联网、无线通信网、数字广播电视网和卫星等渠道，以电脑、电视、手机等设备为终端的媒体。它能实现个性化、细分化和互动化的传播方式，以及信息精准投放和点对点传播。

新媒体改变着人们的生活方式，人们以往是被动地接受媒体，现在则可以自主地选择媒体。社会化媒体用户不仅是信息的消费者，也是信息的生产者、推广者。

本书所说的新媒体是相对于报刊、广播、电视、书籍等传统媒体而言的。从技术层面看,新媒体是指依托数字技术、互联网技术、移动通信技术等新技术,向受众提供信息服务和娱乐服务的新型媒体。从这个定义来看,新媒体的种类非常繁杂,包括网络电视、微博、论坛、微信、搜索引擎、电子邮箱、门户网站、手机电视、数字媒体等。

二、新媒体的特点

现阶段,新媒体主要分为网络媒体和移动媒体。

(一)网络媒体的特点

1.传播的快捷性和时间的自由性

网络媒体可在瞬间将信息发送给用户,具有传播上的快捷性。而其在传播时间上的自由性主要体现在传播本身的可重复性,易于检索和随时获取信息。网络媒体实现了信息的"零时间"传播,消除了交流双方在时间上的间隔,使信息的交互传播突破了时间限制。

网络媒体能让人们充分利用碎片时间,满足了人们随时随地进行互动性表达和娱乐的需要。因此,网络媒体一出现就引起了各个年龄段的、不同阶层群众的注意,无形中改变了人们的生活方式。

2.传播的全球性和空间的无限性

新媒体利用连接全球电脑的互联网和通信卫星,使大量的信息资源可以被全世界的网民看到,使信息传播者可以针对不同的受众提供个性化的服务。可以说,全球互通的网络范围有多广泛,网络传播的空间就有多大,这完全打破了地理区域对信息传播的限制。只要有相应的信息接收设备,在地球的任何角落都可以接收到新媒体传播的信息。此外,无线网络的发展还使新媒体摆脱了有线网络的限制，使用户可以随时随地接收信息。

3.传播的交互性和方式的多样性

在传统的传播理念中，传播是单向的，交流双方无法随时随地进行沟通。新媒体则突破了这一传统传播模式的限制，增加了信息传播者与信息接收者之间的互动。交互性使传播者和接收者极易进行角色转换，这种双重身份使人们可以畅所欲言，利用网络工具进行及时、有效的沟通和交流。人们可以同时扮演信息接收者和信息传播者两种角色。

（二）移动媒体的特点

当前，移动传播媒介迅猛发展，已经成为人们生活必不可少的组成部分，它对人们的生活方式产生了深远影响。移动传播媒介凭借其独有的特点，成为增长速度快、普及程度高的新型传播手段，成为信息科技与媒体产品的紧密结合体。

移动媒体是指通过移动设备访问和传播信息的媒体形式。随着移动互联网的普及和移动设备的快速发展，移动媒体在人们的生活中扮演着越来越重要的角色。移动媒体与传统媒体和网络媒体相比，其特点主要有以下几个。

1.表现形式的丰富性

移动媒体的表现形式兼具传统媒体与网络媒体的优势，通过文字、图像、影音、动画等多种表现形式向用户传递信息，增强了用户的体验。

2.使用的方便性

移动媒体使用便捷，用户可以根据自己的需要，随时对信息进行检索和筛选，并可随时订购和退订信息服务，可提高自己的工作或学习效率，并节约时间。

3.复合性与个性化服务

移动媒体实现了信息传播的图、文、声一体化，将文字、图像、声音、视频、音频等完美结合，充分体现了服务的复合性。移动媒体将报纸、电视、广播的传播手段与传播方式集于一体，其形式的多样化是前所未有的。通过移动媒体，用户可以随时针对信息的内容与信息的传播者或者其他的信息接收者进行交流。

移动媒体可通过意见反馈等形式修正、补充和完善信息资源以满足用户的个性化需求，其将目标受众按年龄、性别、社会地位、文化程度、兴趣爱好、专业程度等标准划分为一个个群体，从而有针对性地为不同的群体提供不同的个性化信息服务。

三、新媒体的发展展望

第一，"互联网＋"效应显著，新媒体的经济引擎作用更加突出。在"互联网＋"的推动下，新媒体将加速向各个行业渗透，创造更多的就业机会，新媒体经济占国内生产总值的比重将会进一步加大。

第二，媒介融合提速，传统媒体不断采用新技术。为了顺应互联网传播移动化、社交化和视频化的趋势，传统媒体积极运用云计算等新技术，发展移动客户端、手机网站等新应用、新业态，以新技术引领各媒介融合发展。

第三，移动金融、移动教育、移动医疗、移动出行等移动互联网行业成为热点。

第四，智能产业进一步兴起。当前，一些互联网公司十分关注可穿戴设备、移动医疗、智能家居、3D 打印等智能产业，这将促进新一代智能产品的发展。

第五，社交应用平台进一步整合，微视频成为网络消费"金矿"。随着移动宽带的发展，网络视频消费将进一步转向移动平台。同时，随着科技的发展，社交应用平台将进一步整合，成为沟通、娱乐、生活、购物和学习一站式服务的入口。

第六，广告投放进一步从传统媒体转向新媒体。作为媒体的主要收入来源，广告日益转向新媒体，电视广告和报纸广告的市场份额已经出现明显的下滑态势，网络媒体成为第一大广告收入媒体。未来的网络广告，尤其是移动网络广告的市场份额将持续增长。

第二节　新媒体时代群众文化活动的开展

一、新媒体给群众文化活动带来的挑战与机遇

我们从实效性的角度审视新媒体技术对群众参与社会活动方式的影响会发现，新媒体技术使得群众的精神文化诉求得到满足，不过同时也出现很多问题。鉴于此，我们应辩证地分析新媒体技术对群众文化活动的影响。

（一）新媒体给群众文化活动带来的挑战

新媒体将对传统群众文化活动的开展造成较大冲击。

新媒体传播方式和表现形式的多样化，使得广大群众可以随时随地获得自己想要的信息，也使他们对传统群众文化活动的关注度与参与度下降。

新媒体在媒体使用与内容选择上更具个性化，可以覆盖更多的受众，而传统的群众文化活动由于条件的限制，在信息容量与种类上都有着很大的局限性。新媒体能够充分调动群众的积极性，让群众在互动中获得更加强烈的自我满足感。

新媒体在信息的种类及容量上具有极大的优势，可以充分满足受众对于多种多样的文化知识与信息的需求，这也是很多人愿意通过电脑或者手机浏

览信息，而没有兴趣参加传统群众文化活动的原因。这些因素都增加了传统群众文化活动开展的难度。

（二）新媒体为群众文化活动带来的机遇

事物往往都具有双面性，新媒体的普及应用在给群众文化活动带来挑战的同时，也为群众文化活动提供了全新的发展契机。从某种程度上说，新媒体丰富了群众文化活动的内容与形式。

新媒体提供了多元文化的对接交流平台，使各个地区风格迥异的群众文化活动的交流不再受时间、空间的限制，为群众文化活动的开展提供了一个便捷的互动交流平台。

另外，新媒体可以使人们通过互动更好地了解彼此的文化喜好与心理倾向，也可以针对群众的个体需求，为其提供更加个性化的服务，增加群众文化活动的吸引力。

现阶段，我们应科学把握新媒体发展的新形势、新特点，充分认识新媒体环境下群众文化工作的着力点。这对于提升群众文化工作的针对性和实效性、增强群众文化活动的吸引力和感染力具有重要意义。

二、新媒体环境下群众文化活动的创新

在新形势、新环境下，很多群众文化工作者没有从思想意识上进行突破与改变，还在一味地因循守旧，抱着固有的传统观念不放，使得群众文化陷入了被动的境地。群众文化活动的吸引力和生命力源于活动自身的特色，只有在保持自身特色的前提下与时俱进，群众文化活动才能发挥应有的作用。

（一）创新思想

开放、创新的思想观念往往具有促进作用。对于群众文化工作而言，创新思想是重要的先决条件，只有创新思想，才能与时俱进，才能在时代的变迁中保持工作方式和方法的先进性，才能跟上时代发展的步伐。

保持群众文化活动的吸引力是开展群众文化工作的必要前提，只有具有足够的吸引力，才能吸引广大群众参与到群众文化活动中来，才能使群众文化活动的价值得到更完美的体现。

当前，各种新媒体的出现，使得传统的群众文化活动的吸引力逐渐降低。人们足不出户便可享受到文化交流的乐趣，这对传统的群众文化活动形成了巨大的冲击。只有不断创新，才能在工作中化被动为主动，才能更好地开展群众文化活动。

（二）创新方法

1.推进群众文化向多元化方向发展

当前，群众的精神文化需求日趋多元化，既有强调文化享受的，又有要求彰显个体文化素养的。随着社会主义市场经济的不断发展，人们的物质生活水平不断提高，人们对精神文化生活也有了更高的要求。在这种情况下，我们要自觉推动群众文化向多元化方向发展，以满足人民群众多样的精神文化需求。

2.借助新媒体拓展群众文化活动的宣传途径

新媒体使公共文化服务机构具备了自我生产和传播的能力，也让群众获得了更多可以选择的文化信息通道。利用新媒体开展群众文化工作，可以促进群众文化工作向多元化、普遍化发展。例如，利用官方网站、官方微博、官方微信公众平台等，可以在较短时间、较大范围内获得较好的宣传效果。

在网站、微博、微信等新兴媒体上搭建传播平台，建构彼此呼应、有效衔接的传播矩阵，是新媒体时代公共文化服务机构提升服务质量的必然选择。例如，在基层群众文化建设中，有关部门可以创造性地利用网络建立"网民沟通会"制度。"网民沟通会"可以以社区居民喜爱的活动为主题，相关部门在举办活动前可以通过短信、网络等方式发布"会议启事"，让辖区内的网民自愿报名参加。相关职能部门需派专人负责解决网民普遍关心的问题，为网民答疑解惑，以确保活动的质量。有关部门还可以开通微博、微信，通过这些平台了解网民关注的重点。

3.拓展群众文化工作的内容与服务功能

群众文化工作者必须根据群众对文化信息的需求，借助新媒体，传播正确的文化知识和文化价值观念，从而提高群众的文化素养。群众文化工作者要精心准备选题，在微博、微信等新媒体上持续推送优质的群众文化内容，应用现代信息技术，优化新媒体平台的功能结构，通过文本、音视频等方式进行文化传播，实现文化内容数字化、网络化，以方便群众对文化信息和服务的访问，加大群众对文化活动的知晓度与参与度。

数字图书馆、群众文化互动平台等数字文化网络平台的建立，改变了文化服务的工作模式，为群众提供了更便捷、更直观、更高效的文化服务平台。集图像、声音、文字、动画和数据于一体的数字文化网，能让群众以直观的方式轻松自由地进行文化体验，这实现了文化资源跨地域的传播和共享。

利用新媒体开展群众文化工作，可将广大群众变成实实在在的参与主体，让他们成为问题的提出者、发现者，这样就可以实现群众智慧与群众文化工作、社会管理工作的有机结合。

4.利用新媒体以群众为主导开展群众文化活动

新媒体的发展得益于互联网技术的不断发展。在新媒体环境下，人们对群众文化信息的访问、发表、转发等行为，都能够自动地存储在互联网上。对于某些文化内容的收藏、评论、点赞、转发等，有关人员可以利用相关技术进行统计和分析，相关文化宣传部门也可以投入专门资源，对新媒体上的数据进行搜集、整理和分析，从而找出群众的文化生活需求，并在社会主义核心价值观的指导下，为群众提供个性化的文化信息。

人民群众既是群众文化的参与者、群众文艺脚本的"创作者"，也是群众文艺节目中的"剧中人"。坚持以人民为中心的文艺方向既是文艺工作的基本规律，也是群众文艺事业繁荣发展的内在要求。这就需要群众文化工作者在实际工作中积极拓展文艺作品供给渠道，及时回应群众的需求，开展"菜单式"服务，充分利用贴吧、微信、微博等新媒体广泛征集群众文化活动方案和原创文艺作品，满足不同地域、不同职业、不同年龄段群众的喜好，同时应充分尊重群众在文化活动中的主体地位，形成"自下而上"的公共文化服务模式，实现文化建设上的"以民为本"。

三、新媒体环境下群众文化活动的发展要求

新媒体具有传播速度快、范围广、互动性强等特点，能很好地消解不同年龄段之间、不同话语系统之间及不同文化背景之间的边界，为群众文化的传播与传承提供一个良好的工具和载体。当然，新媒体在文化传承方面所发挥的作用与产生的影响还需要我们进一步思考，但至少目前可以看到，通过新媒体，更多的人参与到了群众文化活动中来。

在新媒体时代，我们要学会利用新媒体，从全新的视角，充分展示地区群众文化工作建设的成果，充分展示地区丰富多彩的群众文化；要高度重视新媒体在群众文化建设中的作用，使其成为一个与业界共同合作、共同发展、多方共赢的平台；要充分发挥新媒体的互动性，开展群众文化活动相关工作。

新媒体的发展不仅加快了群众文化的传播速度，而且提升了其传播力度和广度，提高了其传播质量。新媒体技术在群众文化工作中发挥了积极的作用，有效地促进了群众文化的传承和发展。与此同时，在新媒体环境下，我们对群众文化有了新的要求。

（一）新媒体环境下的群众文化活动要注重创新

新媒体时代的文化软实力建设要重点抓好理念创新、手段创新，努力以思想认识新飞跃打开工作新局面。

第一，理念创新要强化互联网思维。这需要从以下几方面着手。一要建设网络强国，即要有过硬的技术，有丰富全面的信息服务、繁荣发展的网络文化；要有良好的信息基础设施，形成实力雄厚的信息经济；要有高素质的网络安全和信息化人才队伍；要积极开展双边、多边的互联网国际交流合作。二要保障网络安全，要以安全保发展、以发展促安全。三要依法治理网络空间，即要完善互联网信息内容管理、关键信息基础设施保护等法律法规，依法治理网络空间，维护公民合法权益。四要创新互联网技术，即要制定全面的信息技术、网络技术研究发展战略，加大力度解决科研成果转化问题，要积极出台支持企业发展的政策，让它们成为技术创新的主体，成为信息产业发展的主体。

第二，方法创新要胸怀大局、把握大势。胸怀大局就是要胸怀国内和国际大局、党和国家工作大局、全面深化改革大局。把握大势就是要做到因势而谋、应势而动、顺势而为。而要因势而谋，就要提高洞察力；要应势而动，就要提高应变力；要顺势而为，就要提高驾驭力。只有根据环境、条件变化创新工作理念、手段和内容，不为条条框框限制，才能使文化软实力建设融入时代潮流，才能解决现实问题，才能在顺势而为中有突破、有创新、有成效。

（二）新媒体环境下的群众文化活动要注重融合

新媒体是相对于传统媒体而言的，是继报刊、广播、电视等传统媒体发展起来的新的媒体形态。当前，大量社会热点在网上迅速生成、发酵、扩散，新兴媒体话题设置、影响舆论的能力日渐增强，传统媒体的舆论引导能力面临着严峻的挑战。推动传统媒体和新兴媒体融合发展，要遵循新闻传播规律和新兴媒体发展规律，坚持以先进技术为支撑、内容建设为根本，推动传统媒体和新兴媒体的深度融合，形成立体多样、融合发展的现代传播体系，要一手抓融合，一手抓管理，确保融合发展沿着正确的方向推进。

为此，我们必须建立科学有效的媒体管理体制。推动媒体融合，必须坚持发展、融合、管理并进，要对网上网下、不同业态进行科学管理、有效管理，努力提高管理的科学化水平，使传播秩序更加规范。

（三）新媒体环境下的群众文化活动要满足群众的基本文化娱乐需求

现阶段，互联网的发展和新媒体的建设已经引起了人们的高度关注，新媒体在促进整个社会文化发展和创新的同时，加剧了世界范围内各种思想文化的交流、交融，网络也正在成为各种社会思潮、各种利益诉求汇聚的平台，成为社会各阶层利益表达、情感宣泄、思想碰撞的重要载体。我们必须准确把握新媒体发展带来的新机遇、新挑战，清楚地认识到互联网为群众文化建设提供的便利及相关的不利影响，积极利用新媒体技术开展群众文化活动。

第三节 借助新媒体促进群众文化
建设的对策

在新媒体时代，群众文化工作者在其日常工作中必须深刻认识到新媒体所扮演的关键角色，充分利用新媒体的积极作用，促进群众文化建设工作能够有效地开展。

一、借助新媒体资源优势，丰富群众文化内容

如今，网络信息技术在众多行业中都得到了广泛应用。通过充分发挥新媒体资源的优势，群众文化活动能够持续地增加文化信息的储备和丰富活动的种类。例如，可以通过互联网来收集与传统文化相关的各种知识，并据此指导群众文化活动，同时有效地控制和筛选不健康的信息。

新媒体所提供的信息资源不仅更新速度快、时效性强，还能确保群众文化活动与时俱进，向大众展示更多的文化热点，从而增强文化内容的吸引力，并进一步激发大众的参与意愿。

二、利用新媒体技术，构建群众文化活动平台

随着新媒体技术的飞速发展，大众的文化活动应当使用新媒体作为载体，拓展其传播渠道，进而促进文化活动方式的革新。传统群众文化活动大多是通过面对面的互动交流来进行的，这导致部分人的参与热情较低，难以实现预期的效果。然而，在新媒体的时代背景下，组织者可以利用微信、微博等多种平台来构建一个完善的群众文化活动组织体系，并通过网络平台将活动文件发送给各个单位或个人，从而有效地提升活动组织的效率。

此外，公众还可以在微信、微博等社交平台上进行讨论和互动，共同确定文化活动的具体内容和细节，以确保活动能够有效地进行。

三、借助新媒体技术，推动文化单位信息化建设

在新媒体技术的推动下，相关文化部门应当创建官方网站，并在网站上公开内部的文化艺术活动和信息，以便为大众提供一个便捷的获取相关信息的渠道。除此之外，相关文化部门还可以借助网络技术来开发具有自身特色的手机应用程序，将政策、法律、文化等多方面的信息整合进来，使得大众能够通过手机轻松了解相关信息。

四、掌握新媒体内涵，培养新型文化工作者

现阶段，从事群众文化工作的人员需要借助现代信息技术，持续地提升自己多方面的能力。相关文化部门需要增加资金投入，为文化工作者的教育和培训提供足够的资金支持。定期组织相关的专业素质和技能培训活动，不仅可以提高文化工作者的基本文化素养和职业道德，还可以加强他们在新媒体技术方面的应用能力，从而为群众文化活动的信息化提供人才保障。除此之外，相关文化部门还可以通过在线征集、在线培训和在线考核等多种途径，加强对文化工作者的管理，从而提高整个团队的专业能力。

总而言之，相关文化部门需要对新媒体有深入的了解，充分利用新媒体的技术优势，从内容和形式等多个方面对群众文化进行全面优化，从而不断丰富人民群众的精神生活。

参 考 文 献

[1] 杜染.文化家园：群众文化探索与创新[M].北京：华龄出版社，2006.

[2] 方士华.书法趣味活动[M].长春：吉林摄影出版社，2017.

[3] 方士华.舞蹈趣味活动[M].长春：吉林摄影出版社，2017.

[4] 黄丽.新时期群众文化研究[M].银川：宁夏人民出版社，2014.

[5] 贾乃鼎.群众文化活动的策划与组织[M].北京：北京师范大学出版社，2013.

[6] 刘宝莅，张华，王志东，等.文化自觉与文化自信[M].济南：山东人民出版社，2012.

[7] 吕佳，邝静，李革.新视角下的群众文化舞蹈教育[M].北京：经济日报出版社，2018.

[8] 闻静.现代群众文化策划工作实务[M].北京：中国纺织出版社，2021.

[9] 谢桂领，许珏芳，何立营.文化工作与群众文化建设研究[M].长春：吉林人民出版社，2020.

[10] 徐辉.群众文化建设与发展研究[M].哈尔滨：北方文艺出版社，2023.

[11] 徐娟梅，张红英.文化大发展背景下的宁夏群众文化[M].银川：宁夏人民出版社，2013.

[12] 徐月萍，张建琴.乡村振兴背景下乡村群众文化阵地建设：基于上饶市乡村群众文化阵地建设的研究[M].南昌：江西高校出版社，2019.

[13] 张建成.曲艺比赛组织活动读本[M].奎屯：伊犁人民出版社，2015.

[14] 张建成.书法比赛组织活动读本[M].奎屯：伊犁人民出版社，2015.

[15] 张龙庆.新时期的基层群众文化建设[M].石家庄：花山文艺出版社，2019.

［16］张玮玲，崔娜.公共文化服务理论与实务［M］.银川：宁夏人民出版社，
2014.

［17］周敏.群众文化认知与活动组织策划研究［M］.北京：中国原子能出版社，
2019.